KB269613

당신이 놓친 돈의 권리

돈의 구조를 설계하는 사람들,
현금흐름부터 가업승계까지

당신이 놓친 돈의 권리

돈의 구조를 설계하는 사람들, 현금흐름부터 가업승계까지

ⓒ 이시은, 민연홍, 윤하솜, 원종천

초판 1쇄 인쇄 2026년 1월 12일
초판 1쇄 발행 2026년 1월 24일

작가 **이시은, 민연홍, 윤하솜, 원종천**

출판사 **재노북스**

기획편집 및 교정교열 **윤서아**

내지디자인 **윤서아, 김선화**　표지디자인 **오션**

도서 콘텐츠 마케팅 및 해외출간 **임지수, 김민지**

작가컨설팅 **윤서아**

출판등록 2022년 4월 6일 제2023-000076호

주소 서울특별시 금천구 가산디지털1로 205-27 에이원빌딩 705호
대표전화 0507-1381-0245　팩스 050-4095-0245
이메일 dasolthebest@naver.com
홈페이지 https://zenobooks.co.kr/
블로그 https://blog.naver.com/zeno_books

ISBN 979-11-94868-40-8(13320)　26,000원

당신이 놓친

그러나 반드시 되찾아야 할 돈의 권리

이 책에 담긴 법령과 제도는 1쇄 발행 시점(2026년 1월) 기준입니다. 연금과 보험, 세법, 승계 관련 법은 시대와 정책에 따라 변화합니다.

- 국민연금: 국민연금공단(www.nps.or.kr)
- 금융·보험: 금융감독원(www.fss.or.kr)
- 세제: 국세청(www.nts.go.kr)
- 국민연금법 및 시행령   • 근로자퇴직급여보장법
- 상속세 및 증여세법   • 소득세법(연금계좌 세제 혜택)
- 보험업법 및 약관 기준   • 산업재해보상보험법

이 책이 제시하는 것은 '변하지 않는 원칙'과 '프레임'입니다.

법이 바뀌어도, 당신의 삶을 설계하는 구조적 사고는 여전히 유효합니다.

다만, 실제 실행 단계에서는 반드시 최신 법령을 확인하고, 전문가의 조력을 받으시길 권합니다.

프롤로그

돈은 우리의 삶에 단순한 숫자가 아니라, '선택의 자유'이자 '흔들리지 않는 삶의 기반'입니다. 하지만 급여가 멈춘 순간, 사고가 터진 순간, 승계를 앞둔 순간—이런 상황 앞에서 우리는 비로소 깨닫습니다.

연금 조회 한 번, 보험금 청구서 한 장, 승계 타이밍 하나가 예상보다 훨씬 큰 차이를 만든다는 것을. 그리고 내가 마땅히 받을 수 있는 돈을 놓쳤다는 사실 앞에서 무력해집니다.

이런 상황들은 각각 다른 문제처럼 보이지만, 실은 하나의 공통점이 있습니다. 바로 '돈의 구조'를 미리 설계하지 않았다는 것입니다. 이 책은 그 구조를 어떻게 만들고, 여러 경우의 수 속에서 어떤 선택을 해야 흔들리지 않는지 보여드립니다.

급여가 끊긴 달, 예상치 못한 사고가 터진 순간, 회사의 미래가 불투명해질 때. 우리는 비로소 깨닫습니다. 내가 마땅히 누려야 할 돈의 권리가 사소한 실수나 복잡한 제도 앞에서 너무나 쉽게 무력해진다는 것을. 이 책은 바로 그 권리, 흔들림 없는 삶의 주도권을 되찾는 이야기입니다.

이 책에서 말하는 '돈의 권리'란, 단순히 자산을 불리는 것을 넘어, 인생의 예기치 않은 순간에 나의 삶과 사업이 무너지지 않도록 지켜주는 안정된 구조를 만들고, 마땅히 받아야 할 몫을 당당하게 확보하며, 다음 세대까지 그 가치를 이어갈 수 있는 주도권을 의미합니다.

이 책은 돈을 불리는 특별한 방법을 알려드리지 않습니다. 대신, 당신의 삶이 무너지지 않도록 이미 가진 권리를 지켜내고 돈의 흐름을 튼튼하게 연결하는 실질적인 방법을 이야기합니다.

「당신이 놓친 돈의 권리」는 당신의 재무 상황을 통제 가능한 구조로 바꾸는 4개의 강력한 파트로 구성되어 있습니다. 각 파트는 당신이 현장에서 놓친 권리를 되찾는 실전 기준을 제시합니다.

「당신이 놓친 돈의 권리」 4개 파트별 핵심 정리

Part 1. 연금과 현금흐름의 기술

핵심 활용법: 연금을 단순히 쌓는 행위가 아닌, 은퇴 후 월급처럼 쓸 생활비를 설계하는 리듬으로 활용합니다.

되찾을 권리: 끊기지 않는 소득의 권리를 확보합니다.

Part 2. 내 권리를 되찾는 보험 청구의 기술

핵심 활용법: 사고가 났을 때 기록과 증거를 통해 보험금을 운에 맡기지 않고 당당하게 받아 공정성을 확보합니다.

되찾을 권리: 공정하고 합리적인 보상의 권리를 지켜냅니다.

Part 3. 사내복지기금과 ESG로 남는 회사

핵심 활용법: 복지기금을 단순 비용이 아닌, 사람을 남기는 시스템으로 만들어 회사와 직원이 오래 함께 갈 구조를 만듭니다.

되찾을 권리: 지속가능한 성장의 권리를 구축합니다.

Part 4. 가업승계와 상속·증여의 경영 설계

핵심 활용법: 가업 승계를 준비할 때, 세금보다 회사와 가족이 흔들리지

않도록 미리 경영의 기준을 세웁니다.

되찾을 권리: 흔들림 없는 경영 주도권의 권리를 확보합니다.

이 네 가지 권리는 개인의 삶과 기업의 운영이 따로인 듯 보여도, 결국 '무엇을, 어떤 순서와 기준으로 지킬 것인가'라는 하나의 질문으로 만납니다.

이 책을 읽는 여정을 통해 당신은 더 이상 복잡한 제도와 현장의 논리에 끌려다니지 않는 단단한 주체가 될 것입니다.

불안은 '구조를 인식하는 순간' 관리 가능한 영역으로 내려오며, 우리는 비로소 돈의 문제에서 감정을 분리하고 이성적 선택을 할 수 있는 주도권을 되찾습니다.

이 책이 당신의 손에 쥐여줄 것은 최종적인 '정답'이 아닌, 흔들리지 않는 판단의 프레임입니다. 그 프레임으로 당신이 놓쳤던 돈의 권리를 되찾고, 삶의 구조를 더욱 견고하게 설계하시기를 바랍니다.

이시은 민연홍 윤하솜 원종천 작가 드림

추천의 글

김효주 | 세무법인 파인드 선릉 대표 세무사

사고 앞에서 감정은 앞서기 쉽지만, 합당한 보상은 오직 기록으로 완성됩니다. 이 책은 보험금 청구의 패러다임을 '협상'에서 '입증의 설계'로 명쾌하게 전환시킵니다. 복잡하게 얽힌 과실, 소득 인정, 장해 판단의 핵심 쟁점을 구조적으로 해설하며, 보상 앞에서 흔들리지 않고 스스로의 권리를 당당하게 지켜내고자 하는 모든 이들에게 필수적인 기준을 제시합니다.

임소민 | 세무사

현장에서는 '좋은 제안서'보다 '끝까지 가는 로드맵'이 필요합니다. 이 책은 각 파트가 서로 분리되지 않고, 개인의 현금흐름과 기업의 지속가능성을 하나의 흐름으로 연결합니다. 돈을 굴리는 법보다, 돈이 흔들릴 때 버티는 법을 배울 수 있습니다.

최세경 | 한화생명금융서비스 성서지점 팀장

회사가 오래 가는 힘은 매출이 아니라 시스템에 있습니다. Part 3는 사내 복지기금을 '복지'가 아니라 기업 운영의 구조로 풀어내며, 사람을 남게 하는 회사의 원리를 설명합니다. ESG가 구호로 끝나지 않게 만드는 실무 감각이 특히 인상 깊었습니다.

조대수 | 유튜브 대수굿TV 운영, 백년멘토아카데미 원장

승계를 세금으로만 보면 항상 늦습니다. 이 책은 승계를 '경영의 연장'으로 놓고, 지분보다 지배구조와 의사결정의 언어를 먼저 정리하라고 말합니다. 상속과 증여의 선택을 '정답'이 아니라 '순서'로 풀어내는 방식이 CEO에게 큰 도움을 줄 겁니다.

윤영애 | 원페이지금융스쿨 대표

연금, 보상, 복지기금, 승계. 분야는 달라도 결국 하나로 이어집니다. 어떤 순서로, 어떤 기준으로 결정할 것인가. 이 책은 그 질문을 끝까지 놓치지 않고, 개인과 기업의 돈의 길을 다시 그리게 합니다. 실무와 감각이 균형 있게 담긴 보기 드문 책입니다.

서성미 | 더마크월드 운영실장

돈은 많고 적음보다, 끊기지 않는 흐름이 사람을 살립니다. 이 책은 연금을 '상품'이 아니라 '전략'으로 다루며, 월급이 사라진 자리에 무엇을 세워야 하는지 현실적으로 보여줍니다. 불안을 숫자로 눌러버리는 책이 아니라, 불안을 구조로 바꾸는 책입니다.

목 차

Part 1. 연금과 현금흐름의 기술

Part 2. 내 권리를 되찾는 보험 청구의 기술

● 주요 활동
• 현) 한국미디어창업뉴스 대표
• 2020~2025 재노스쿨 자산관리·4대연금 전문과정 대표 강사
• 2022 신한라이프 강남본부 고소득층 대상 자산관리 및 재테크 강의
• 2022 KB손해보험 사업단별 부동산 입지분석 및 내집마련 전략 강의
• 2023 클래스101「부동산 빅데이터 활용 소액투자」강의

출간저서로는
〈삶이 나를 흔들 때마다〉
〈당신은 지금 어떤 삶을 설계하고 있습니까〉
〈홍보하지 말고 언론으로 보도하라〉
〈여성창업시대 리더가 된 여자들〉
〈부자가 된 제경이의 용돈관리법〉
〈퇴근후 온라인강사로 변신한 홍대리〉
〈인공지능콘텐츠트렌드〉
〈나도 AI 콘텐츠 제작으로 돈 벌어볼까〉
〈왕초보도 7일 만에 완성하는 동화작가〉외 다수

이시은

010-4444-0245
dasolthebest@naver.com

Part 1. 연금과 현금흐름의 기술

끊기지 않는 삶을 설계하다

이시은

"끊기지 않는 삶을 설계하는 연금 전문가"

은퇴 설계를 준비하는 이들의 '연금 파트너'이자, 설계사들의 '성장 매니저'다. 연금·부동산·재테크·절세·보험을 아우르는 자산관리 서비스를 제공하며, 설계사 대상 브랜딩 코칭과 1:1 컨설팅을 병행한다.

'윤서아'라는 작가명으로 자기계발과 AI 활용 보험영업 분야 저서를 집필하며, 한국미디어창업뉴스 대표로서 금융 전문성과 콘텐츠의 감각을 결합해 복잡한 재무 지식을 대중의 언어로 번역하는 작업을 이어가고 있다.

연금은 '상품'이 아니라 삶의 리듬을 붙드는 기술이라고 믿는다. 국민·퇴직·개인·주택연금을 한 장의 시간표로 번역하고, 통장에 찍히는 월 단위 문장으로 삶을 다시 예측 가능하게 만든다.

불안을 계획으로 바꾸는 힘은 거창한 지식이 아니라, 매달의 빈칸을 정확히 바라보는 용기에서 나온다는 믿음으로 상담과 콘텐츠, 교육을 한 방향으로 연결한다.

Part 1. 연금과 현금흐름의 기술

끊기지 않는 삶을 설계하다

1. 은퇴는 '끝'이 아니라, 소득의 빈칸을 만나는 순간

은퇴는 '일이 끝나는 날'이 아니라, 급여라는 문장이 끊기는 날이다. 통장에 찍히던 숫자가 사라지면 비로소 보이는 게 있다. 매달 빠져나가던 생활비, 가족의 일정, 건강의 변수, 그리고 오래 살아도 괜찮은지에 대한 마음의 계산이다.

그래서 은퇴설계는 자산을 키우는 기술이 아니라, 소득의 빈칸을 메우는 방식이 된다. 이 장은 현금흐름으로 은퇴를 다시 쓰는 방법을 다룬다.

PLAN-DO-SEE라는 단순한 프레임으로 '목표자금 설계–실행–관리'를 반복하며, 국민연금·퇴직연금·개인연금·주택연금이 언제부터 얼마나 들어오는지 생활비의 언어로 번역한다.

그리고 '호모 헌드레드'라는 새로운 표준 앞에서, 오래 사는 것이 축복이 되려면 어떤 생활비 감각이 필요한지도 함께 짚는다. 숫자를 외우는 장이 아니라, 내 삶의 리듬을 다시 예측 가능하게 만드는 장이다.

1. 은퇴는 '끝'이 아니라, 소득의 빈칸을 만나는 순간

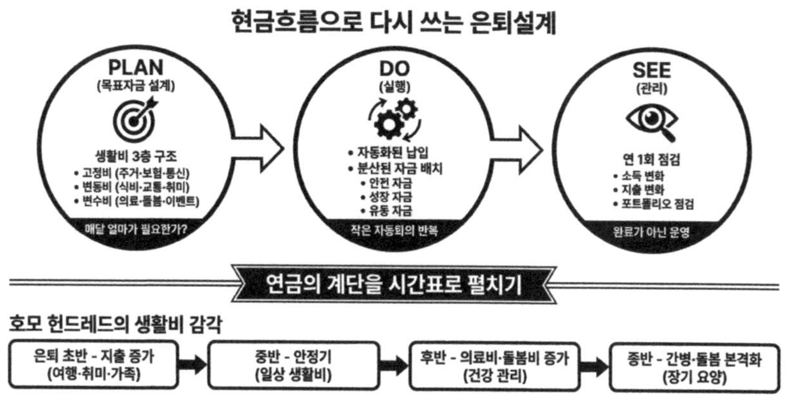

현금흐름으로 다시 쓰는 은퇴설계: PLAN-DO-SEE

은퇴 상담에서 가장 자주 듣는 질문은 의외로 단순하다. "제가 얼마나 모아야 하나요?" 그런데 그 질문은 사실 한 단어가 빠져 있다. "언제까지"라는 단어. 은퇴는 금액의 문제 같지만, 실은 시간의 문제다.

같은 3억이라도 10년을 버티는 3억과 30년을 버티는 3억은 전혀 다른 의미가 된다. 그래서 나는 은퇴를 '총액'으로 보지 않고 '월'로 바꿔서 본다. 삶은 연 단위가 아니라, 매달의 결제일로 흘러가기 때문이다.

PLAN은 목표자금을 세우는 단계다. 이때 목표자금은 "얼마를 만들겠다"가 아니라 "매달 얼마가 필요하다"에서 시작한다. 먼저 생활비를 세 장으로 나눈다. 고정비(주거비, 보험료, 통신비), 변동비(식비, 교통비, 취미), 그리고 변수가 큰 비용(의료·돌봄·가족 이벤트).

여기서 중요한 건 절약법이 아니라 '현실감'이다. 나에게 필요한 생활은 어떤 결인지, 은퇴 후에도 유지하고 싶은 것은 무엇인지, 내려놓을 수 있는 것은 무엇인지. 그 질문을 통과하면 숫자는 오히려 담백해진다.

다음은 "이미 들어올 소득"을 확인하는 일이다. 많은 사람이 이 단계를 대충 넘긴다. 국민연금은 '나중에 나오겠지'로 남겨두고, 퇴직연금은 회사가 알아서 해주겠지로 두고, 개인연금은 가입만 해두면 된다고 믿는다.

그런데 은퇴에서 가장 위험한 건 '모름'이다. 그래서 확인은 반드시 실제 조회로 시작하는 편이 안전하다.

금융감독원의 통합연금포털에서는 공적·퇴직·개인연금 정보를 한 번에 조회할 수 있도록 안내하고 있다. 조회를 해보면, 막연했던 연금이 "몇 살부터, 월 얼마"라는 문장으로 바뀐다. 그 문장이 생기면 은퇴는 갑자기 계산 가능한 일이 된다.

그 다음은 '연금의 계단'을 시간표로 펼치는 작업이다. 국민연금은 언제 청구할지, 퇴직연금은 일시금과 연금 중 어떤 흐름이 내게 맞는지, 개인연금은 어떤 순서로 꺼낼지, 주택연금이 필요하다면 언제 결정을 내릴지. 이때 핵심은 "최대 수령"이 아니라 "끊기지 않는 흐름"이다.

은퇴의 불안은 대부분 '중간에 비는 달'에서 폭발한다. 그래서 나는 연금의 시작 시점을 일부러 겹치게 하기도 하고, 반대로 특정 기간만 다리 역할을 하도록 설계하기도 한다. 중요한 건 생활비의 공백을 만드는 습관을 없애는 일이다.

DO는 실행이다. 실행은 거창한 결심이 아니라, 작은 자동화로 이루어진다. 매달 같은 날 빠져나가도록, 우선순위에 맞게. 그리고 실행에는 반드시 '분산'이 따라야 한다. 은퇴는 긴 시간이고, 긴 시간에는 시장도 변하고 내 몸도 변한다.

그래서 한 가지 방식만 믿는 건 위험하다. 안전한 자금, 성장하는 자금, 그리고 언제든 꺼낼 수 있는 자금이 각자의 자리에 있어야 한다. 그래야 예기치 못한 일이 와도 연금의 흐름을 깨지지 않게 지킬 수 있다.

SEE는 관리다. 많은 사람이 여기서 멈춘다. 가입하고, 납입하고, 끝. 하지만 은퇴설계는 '완료'가 아니라 '운영'이다. 연 1회만이라도 점검한다.

소득이 바뀌었는지, 지출이 바뀌었는지, 가족의 계획이 바뀌었는지. 펀드나 포트폴리오를 쓰고 있다면 리밸런싱이 필요한지, 비용은 과하지 않은지, 연금 개시 시점은 조정할 필요가 없는지. 통합연금포털이 제공하는 조회와 관리 기능의 의미도 여기에 있다.

PLAN-DO-SEE는 복잡한 은퇴를 단순하게 만드는 언어다. 은퇴는 한 번의 선택으로 끝나지 않는다. 매년 삶이 바뀌는 만큼, 설계도 함께 조정된다. 다만 기준은 하나다. 소득의 빈칸을 방치하지 않는 것. 그 빈칸을 메우는 방식이 준비되어 있을 때, 은퇴는 끝이 아니라 새로운 문장이 된다.

오래 사는 시대의 새로운 표준: '호모 헌드레드'의 생활비 감각

'호모 헌드레드'라는 말은 낭만적으로 들린다. 백 세까지 살아도 활력이 남아 있는 사람들. 하지만 그 말이 현실이 되는 순간, 우리에게 필요한 건 의욕이 아니라 생활비 감각이다. 오래 사는 시대는 축복이기도 하지만, 준비가 없으면 불안의 시간이 길어지는 시대이기도 하다.

실제로 한국의 고령층 빈곤 문제는 여전히 크고, 통계청은 2023년 66세 이상 상대적 빈곤율을 약 40% 수준으로 제시한다. 이 숫자는 누군가의 실패담이 아니라, '준비가 없을 때의 평균'에 가깝다.

생활비 감각은 거창한 절약이 아니다. 나는 생활비를 '체온'이라고 부른다. 너무 낮으면 삶이 얼고, 너무 높으면 자산이 빨리 녹는다. 은퇴 생활비의 체온은 사람마다 다르다. 어떤 사람은 외식이 줄면 삶이 초라해지고, 어떤 사람은 여행이 줄면 삶의 의미가 사라진다.

반대로 어떤 사람은 집에서 조용히 지내는 시간이 가장 풍요롭다. 그래서 은퇴 생활비는 평균으로 맞추면 안 된다. 내 삶의 결로 맞춰야 한다.

호모 헌드레드의 생활비 감각에서 가장 중요한 건 '시간을 길게 보고, 지출을 층으로 보는 것'이다. 은퇴 초반은 오히려 지출이 늘기도 한다. 미뤄둔 여행, 취미, 건강검진, 가족과의 시간. 그런데 어느 순간부터 지출의 무게중심이 바뀐다. 즐거움의 지출이 줄고, 돌봄과 의료의 지출이 늘어난다. 문제는 이 지출이 예측이 잘 안 된다는 점이다.

그래서 은퇴 생활비는 '평균 지출'만으로 설계하면 흔들린다. 평소 생활비 위에 '의료·돌봄 여유분'이 별도로 있어야 한다. 돈의 크기보다, 통로가 분리되어 있다는 사실이 사람을 편하게 만든다.

그리고 또 하나. 오래 살수록 '연금의 역할'은 더 커진다. 자산은 쓰면 줄지만, 연금은 흐름으로 남는다. 흐름은 심리적 안정이 된다. 그래서 국민연금의 개시 시점을 어떻게 정하느냐는 단순한 수익률 문제가 아니라 삶의 안정성 문제다.

국민연금공단은 연기연금을 선택할 경우 연기되는 매 1개월마다 0.6%(연 7.2%) 가산된다고 안내한다. 물론 누구에게나 정답은 아니다. 중요한 건 '내가 버틸 수 있는 기간'과 '내가 원하는 안정의 크기'다.

지금의 현금흐름이 충분해 연금을 늦춰도 괜찮은지, 반대로 당장의 안정이 필요해 일찍 받는 편이 나은지. 선택은 삶의 체온에 맞춰야 한다.

생활비 감각을 만드는 실전 방법은 간단하다.

첫째, 생활비를 '필수–선택–변수'로 나누고, 필수부터 연금으로 채울 수 있는 구조를 만든다.

둘째, "내가 정말 원하는 삶의 장면"을 세 가지로 적는다. 사람은 숫자보다 장면으로 움직인다.

셋째, 장면을 돈으로 바꾼다. 여행이라면 연 1회인지 2회인지, 취미라면 월 얼마인지, 가족 지원이라면 언제 어떤 규모인지. 장면이 숫자로 바뀌면, 불안은 계획으로 바뀐다.

마지막으로, 오래 사는 시대의 생활비 감각은 '유지'가 아니라 '조정'이다. 10년 전의 나와 지금의 내가 다르듯, 은퇴 후의 60대와 80대의 나는 다르다. 그래서 은퇴설계는 한 번 세워놓고 믿는 구조가 아니라, 주기적으로 다시 쓰는 설계서여야 한다.

PLAN-DO-SEE가 필요한 이유도 여기에 있다. 삶이 변하면, 현금흐름도 변한다. 다만 방향은 하나다. 오래 사는 것이 두려움이 아니라, 선택이 되도록 만드는 것. 호모 헌드레드는 그때 비로소 축복이 된다.

2. 4층 연금 구조를 읽으면 불안이 줄어든다

연금 상담을 하다 보면, 사람들의 불안은 대부분 같은 곳에서 시작된다. "나는 준비가 안 됐나?"가 아니라 "내가 가진 게 지금 어디에 있는지도 모르겠다"는 막막함이다.

국민연금은 가입했는지, 퇴직연금은 회사에 묶여 있는지, 개인연금은 여러 개로 흩어져 있는지, 주택은 자산인데 소득이 될 수 있는지. 이 모든 것이 한 장의 그림으로 정리되지 않으면, 숫자는 있어도 마음은 비어 있는 채로 남는다.

그래서 이 장은 연금을 '상품'이 아니라 '층'으로 읽는 법을 제안한다. 국민·퇴직·개인·주택연금은 서로 경쟁하는 게 아니라, 서로의 빈칸을 메우는 역할을 갖는다. 역할을 나누면, 해야 할 일이 보인다. 그리고 해야 할 일이 보이면, 불안은 줄어든다.

마지막으로 이 장은 아주 현실적인 출발점을 놓치지 않는다. "내 연금은 얼마죠?"라는 질문은 감이 아니라 조회에서 시작된다. 통합연금포털과 국민연금공단, 주택금융공사 등 공신력 있는 조회 경로를 통해 '현재'를 확인하고, 그 위에 '계획'을 올리는 방식. 그게 100세 시대 연금 설계의 가장 단단한 첫 걸음이다.

2. 4층 연금 구조를 읽으면 불안이 줄어든다

국민·퇴직·개인·주택연금: 역할을 나누면 길이 보인다

연금을 설명할 때, 가장 먼저 하고 싶은 말이 있다. 연금은 하나로 인생을 책임지지 않는다. 대신 "쌓이면 버틴다." 그러니까 연금은 단일 정답이 아니라, 층을 쌓는 방식에 가깝다.

누군가는 국민연금만 믿고 마음을 놓고, 누군가는 퇴직연금만 바라보다가 퇴직 이후의 시간을 너무 길게 잡지 못한다. 또 누군가는 개인연금을 여러 개로 쪼개놓고도, 정작 그 돈이 언제부터 얼마로 바뀌는지 연결해보지 않는다.

주택은 자산인데, 소득으로 바뀌는 통로를 열어두지 않으면 결국 '있는데 쓰지 못하는 돈'이 된다.

첫 번째 층은 국민연금이다. 흔히 "기본"이라고 부르는 이유가 있다. 국민연금은 내 노후소득의 바닥을 만들어주는 성격이 강하다. 그래서 이 층은 '크게 벌어서 크게 받는' 방식이라기보다, 살아 있는 동안 최소한의 생활을 지탱하는 기둥에 가깝다.

물론 각자의 가입기간과 소득에 따라 예상연금액은 달라지고, 제도는 사회 변화에 따라 조정될 수 있다. 그래서 여기서 중요한 건 확신이 아니라 확인이다. 국민연금은 내 바닥이 얼마나 되는지, 지금 조회 가능한 방식으로 먼저 체크하는 게 맞다.

두 번째 층은 퇴직연금이다. 퇴직연금은 "회사에서 나오는 돈"이 아니라 "퇴직 이후에도 나를 따라오는 급여의 흔적"에 가깝다. DB형은 퇴직급여가 사전에 확정되는 구조이고, DC형은 회사가 납입할 부담금이 정해져 있고 운용 결과에 따라 달라진다.

그리고 개인형 IRP는 퇴직급여를 계속 적립·이전해 관리하는 통로가 되기도 한다. 구조가 다르다는 건 책임이 다르다는 뜻이다. 회사가 책임지는 영역이 있고, 내가 책임져야 하는 영역이 있다. 그 경계를 알면 불안이 줄어든다.

"왜 이렇게 흔들리지?"가 아니라 "아, 여기는 내가 관리해야 하는 층이구나"로 바뀌기 때문이다.

세 번째 층은 개인연금이다. 이 층은 보통 두 가지 얼굴을 가진다. 하나는 세제 혜택을 활용하는 연금계좌(예: 연금저축, IRP 등) 쪽이고, 다른 하나는 비과세·저축성 성격의 상품들처럼 '세금보다 유연함'에 초점이 맞는 쪽이다.

어떤 층을 더 두껍게 할지는 정답이 아니라 성향과 현금흐름의 문제다. 중요한 건 한 가지다. 개인연금은 '내가 선택한 약속'이라는 것. 국민연금처럼 자동으로 쌓이지도, 퇴직연금처럼 회사가 세팅해주지도 않는다.

내가 내 월급에서, 내 사업소득에서, 내 생활비의 빈틈을 줄여 넣어야 하는 층이다. 그래서 개인연금은 금액보다 리듬이 더 중요하다. 한 번에 크게 넣는 것보다, 끊기지 않게 넣는 방식이 훨씬 강하다.

네 번째 층은 주택연금이다. 주택연금은 "집을 팔지 않고도 소득을 만든다"는 선택지다. 집이 있다는 건 자산이 있다는 뜻이지만, 자산이 곧 소득은 아니다.

생활비는 매달 빠져나가는데 집은 그대로 있다. 그때 사람은 이상하게 불안해진다. 가진 게 있는데, 쓸 수가 없어서. 주택연금은 그 간극을 메우는 장치가 될 수 있다.

다만 가입요건(예: 연령, 주택가격 등)과 지급 구조는 제도 기준에 따라 정해지고 변동될 수 있으니, 기준은 반드시 주택금융공사의 최신 안내를 기준으로 확인해야 한다.

이 네 층이 모이면, 질문이 달라진다. "어떤 연금이 제일 좋아요?"가 아니라 "내 연금은 어느 층이 얇아요?"로 바뀐다.

국민연금이 얇으면 개인연금의 리듬이 필요하고, 퇴직연금이 불안하면 운용의 원칙이 필요하고, 주택이 큰데 소득이 부족하면 주택연금 같은 전환의 통로를 열어둘 필요가 있다.

연금 설계는 결국, 부족한 층을 발견하고 그 층을 두껍게 만드는 일이다. 이게 구조로 보이면, 이상하게 마음이 먼저 안정된다. 이유는 간단하다. 불안은 '모름'에서 커지고, 안정은 '구조를 아는 순간' 시작되기 때문이다.

"내 연금은 얼마죠?" 조회부터 시작하는 현실 세팅

연금 설계에서 가장 위험한 건, 계산이 아니라 추측이다. "아마 이 정도 나오겠지." "예전에 누가 그랬어." "내 친구는 이렇게 받는다던데." 연금은 남의 이야기를 붙이는 순간 흔들린다.

그래서 이 소제목은 단호하게 시작한다. 조회부터 하자. 마음을 다잡는 첫 단계는 결심이 아니라 확인이다.

첫째, 국민연금은 국민연금공단의 조회 서비스를 통해 내 예상연금액과 가입 이력 등을 확인할 수 있다. 사람들은 보통 '금액'만 보려 하지만, 사실 더 중요한 건 가입기간과 납부 이력이다.

빈 기간이 있는지, 납부가 끊긴 구간이 있는지, 지금 내 바닥이 어떤 모양인지. 바닥의 모양을 알면, 위에 올릴 층의 전략이 달라진다.

둘째, 퇴직연금과 개인연금은 한 군데씩 흩어져 있을 가능성이 높다. 회사가 바뀌면 퇴직연금 사업자가 바뀌기도 하고, 개인연금은 은행·보험·증권에 나뉘어 가입되어 있는 경우가 많다.

이때 유용한 출발점이 통합연금포털이다. 통합연금포털에서는 가입한 퇴직연금·개인연금 등의 계약 정보(가입회사, 상품명, 적립금, 연금개시일 등)를 한 번에 확인할 수 있도록 운영되고 있다. "내가 어디에 가입했더라"를 정리하는 데 이보다 빠른 첫 장은 드물다.

셋째, 주택연금은 '내가 받을 수 있나'부터 확인해야 한다. 여기서 중요한 포인트는 주택연금이 투자상품이 아니라 제도라는 점이다. 가입요건(연령, 주택 기준 등)이 있고, 지급 방식도 선택지에 따라 달라진다.

그래서 주택연금은 감으로 추정하지 않는다. 주택금융공사에서 제공하는 안내와 계산·상담 체계를 통해 최신 기준으로 확인하는 것이 맞다.

조회가 끝나면, 그다음은 '현실 세팅'이다. 이 단계에서 사람들의 표정이 달라지는 순간이 있다. "생각보다 적네요." 혹은 "생각보다 있네요." 둘 다 좋은 신호다. 적으면 방향이 생기고, 있으면 계획이 생긴다. 문제는 늘 '모르는 상태'였지, '결과'가 아니었다.

현실 세팅은 이렇게 정리하면 된다.

각 연금의 시작 나이를 적는다. 국민연금, 퇴직연금, 개인연금, 주택연금이 각각 언제부터 소득이 되는지.

각 연금의 성격을 적는다. 확정에 가까운지, 운용에 따라 달라지는지, 제도 요건이 있는지. 퇴직연금의 DB/DC/IRP 같은 구분은 여기서 힘을 발휘한다.

각 연금의 '빈칸'을 찾는다. 55~65 사이, 65 이후, 혹은 배우자와의 소득 격차처럼 '시간의 구멍'을 표시한다.

마지막으로 한 문장으로 정리한다. "나는 지금, 무엇을 얼마나 더 쌓아야 하는가."

이 장에서 독자에게 남기고 싶은 건 거창한 계산표가 아니다. 조회 후에 적어 내려간 한 줄의 문장이다. "이제는 막연하지 않다." 연금의 불안은 수익률이 해결해주지 않는다. 구조가 해결해준다.

국민·퇴직·개인·주택연금이 서로의 역할을 나눠 갖는 순간, 연금은 숫자가 아니라 생활의 언어가 된다. 그리고 생활의 언어가 되는 순간, 노후는 멀리 있는 공포가 아니라 지금부터 준비 가능한 일정이 된다.

3. 국민연금은 제도보다 '전략'에서 갈린다

국민연금은 '받는 제도'처럼 보이지만, 실제 상담 현장에서는 '선택의 순간' 으로 다가온다. 같은 가입기간, 비슷한 소득이었는데도 어떤 사람은 조금 더 일찍 숨을 돌리고, 어떤 사람은 조금 더 늦게 받는 대신 긴 시간을 대비한다. 그 차이를 만드는 건 상품이 아니라 결정의 방식이다.

조기수령은 당장의 현금흐름을, 연기수령은 미래의 고정소득을 더 두껍게 만든다. 그리고 그 선택은 언제나 수명, 건강, 일의 지속 가능성, 가족의 생활비 구조 같은 삶의 조건과 함께 움직인다. 이 장에서는 '언제 받느냐'가 아니라 '왜 그 시점이어야 하느냐'를 묻는다.

손익분기점이라는 차가운 계산을 삶의 언어로 번역해보고, 출산·군복무· 실업 크레딧처럼 지나간 시간에 다시 의미를 부여하는 방법도 함께 짚는다. 국민연금은 결국, 내 인생의 빈칸을 어떻게 메울지에 대한 전략이기 때문 이다.

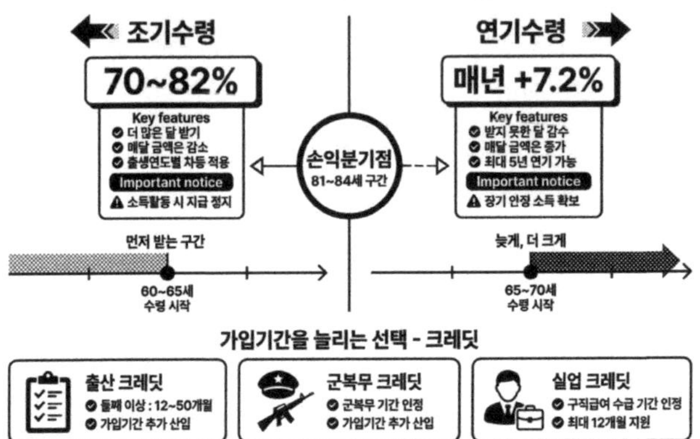

조기수령 vs 연기수령: 손익분기점으로 결정하는 법

어떤 사람은 "조금이라도 빨리 받는 게 이득 아닌가요?"라고 묻는다. 또 어떤 사람은 "연기하면 얼마나 늘어요?"라고 묻는다. 두 질문은 반대처럼 보이지만, 사실 같은 마음에서 나온다. 불확실한 미래 앞에서, 확실한 소득 한 줄을 어떻게 배치할지 고민하는 마음이다.

조기노령연금은 '일찍 받는 대신 평생 적게 받는' 구조다.

국민연금공단 안내 예시를 보면, 출생연도에 따라 조기노령연금 지급개시연령이 정해져 있고, 예컨대 1966년생이 59세에 청구하면 기본연금액의 70%, 60세면 76%, 61세면 82%처럼 지급률이 달라진다. 5년을 당겨 받으면 30%가 줄어드는 셈이다.

또 하나 중요한 조건이 있다. 조기노령연금은 '소득이 있는 업무에 종사하지 않는 경우'에 청구할 수 있고, 받다가도 노령연금 지급개시연령 전 소득활동이 생기면 그 기간 동안 지급이 정지될 수 있다. "받기만 하면 끝"이 아니라, 내 일의 형태와도 연결된 선택이다.

연기연금은 '늦게 받는 대신 더 두껍게 받는' 구조다. 수급권을 취득한 뒤 일정 기간(최대 5년) 동안 전부 또는 일부를 연기할 수 있고, 연기비율도 50%부터 전부까지 선택할 수 있다. 그리고 연기된 매 1년마다 7.2%(월 0.6%)를 가산해 다시 받게 된다.

이 구조를 알면, 질문은 이렇게 바뀐다. "얼마나 늘어요?"가 아니라 "내가 연기할 수 있는 1년이, 내게 어떤 의미죠?"

그래서 여기서 손익분기점이 등장한다. 차갑지만 유용한 기준이다. 조기수령은 '더 많은 달'을 받는 대신 '매달 금액'을 깎는다. 연기수령은 '받지 못한 달'을 감수하는 대신 '매달 금액'을 키운다. 결국 어느 시점부터 누적액이 역전되는지를 계산하면, 선택이 조금 더 또렷해진다.

예를 들어 설명해보자. 정상 개시연령에 받을 월 연금이 100이라고 가정한다.

5년 조기수령(지급률 70% 수준을 떠올리면)이라면 월 70을 60개월 먼저 받는다.

정상 수령(월 100) 대비 매달 30이 적다.

'먼저 받은 60개월치(70×60)'가 손해(30씩 누적)로 따라잡히는 순간은 60개월 ÷ 0.3 = 200개월, 즉 약 16.7년 뒤다. 정상 개시연령이 65세라면 대략 81~82세 즈음이 분기점이 된다(개인별 연금액·연령에 따라 달라진다).

5년 연기수령(최대 36% 가산을 단순화해 136이라고 가정)이라면, 60개월을 건너

뛰고 월 136을 받는다. 연기는 매 1년 7.2% 가산 구조다.

정상 수령(월 100)보다 매달 36이 많다. 건너뛴 60개월치(100×60)를 36으로 회수하는 데 60 ÷ 0.36 ≈ 166.7개월, 약 13.9년이 걸린다. 정상 개시연령이 65세라면 대략 84세 전후가 분기점으로 잡히는 식이다.

이 계산은 정답이 아니다. 다만 "막연한 느낌"을 "확인 가능한 기준"으로 바꿔준다. 그리고 그 기준 위에, 삶의 조건을 얹는다.

첫째, 건강과 수명에 대한 감각이다. 오래 살 가능성이 높고, 생활비가 길게 필요한 사람은 '늦게, 더 크게'가 유리해질 때가 많다. 반대로 건강 불확실성이 크고, 지금의 소득 빈칸이 크다면 '조금 덜 받더라도 먼저'가 마음을 살릴 수 있다.

둘째, 일의 지속 가능성이다. 조기노령연금은 소득활동과 맞물리면 지급이 정지될 수 있다.

"나는 어차피 일할 거예요"라는 사람에게 조기수령은 기대만큼 단순하지 않다. 반대로 "나는 이제 일을 줄이고 싶다"는 사람에게는 생활의 리듬을 바꾸는 장치가 될 수 있다.

셋째, 가족의 구조다. 부부 중 누가 더 오래 살 가능성이 높은지, 다른 연금(퇴직·개인·주택)과의 역할 분담이 어떻게 되는지에 따라 국민연금의 '개시 시점'은 가계 전체의 안정성과 연결된다. 한 사람의 최적이 부부의 최적과 다를 수 있다.

결국 조기냐 연기냐는, 제도의 문제가 아니라 문장의 문제다. "나는 언제부터 안심하고 싶나." "나는 얼마나 오래 대비해야 하나." "내가 감당할 수 있는 공백은 몇 달인가."

손익분기점은 그 문장을 현실로 내려오게 만드는 도구다. 숫자가 삶을 결정하게 두지 않고, 삶이 숫자를 해석하게 만드는 방식. 그게 국민연금을 '전략'으로 읽는 첫걸음이다.

출산·군복무·실업 크레딧: 가입기간을 '늘리는 사람들'의 선택

연금 상담에서 가장 조용한 순간은, 과거를 꺼낼 때 온다. "제가 그때 일을 쉬었거든요." "군대 다녀오고, 제대로 납부를 못 했어요." "아이 키우느라 경력이 끊겼어요."

그 말에는 늘 비슷한 표정이 있다. 시간이 비어 있는 것 같다는 표정. 그런데 국민연금에는 그 '빈 시간'을 조금이라도 메워주는 장치가 있다. 크레딧이다. 완벽한 보상은 아니지만, 지나간 시간을 제도 안으로 다시 불러오는 방식이다.

출산 크레딧은 원칙적으로 둘째 이상 자녀가 있는 경우, 일정 기간을 가입기간에 추가로 산입해주는 구조로 안내된다. 예를 들어 "2명인 경우 12개월"을 추가로 산입하고, 다자녀일수록 추가 산입 기간이 늘어나며 상한(최대 50개월)이 있는 방식으로 설명된다.

이건 단순히 "아이를 낳으면 혜택"이라는 문장이 아니다. 연금에서 가입기간은 생각보다 큰 의미를 갖는다. 가입기간이 늘어나면 연금액 산정에 영향을 줄 수 있고, 무엇보다 '10년 가입' 같은 수급 요건을 채우는 데도 도움이 될 수 있다.

한 사람의 경력 공백이 제도 안에서 완전히 사라지진 않지만, "없던 일"로만 남지 않게 해준다.

군복무 크레딧은 병역의무를 이행한 기간 중 일부를 가입기간에 더해주는 장치로 운영되어 왔고, 제도 개선 논의도 계속되어 왔다.

실제로 국민연금법 개정 내용에는 군복무 크레딧을 6개월에서 확대(최대 12개월)하는 취지의 조문 변경이 포함되어 있으며, 시행일이 2026년 1월 1일로 표시된 버전도 확인된다.

여기서 중요한 건, 크레딧이 "자동으로 내 연금을 크게 올려준다"라기보다 "내 이력의 끊긴 구간을 제도적으로 인정받는 통로"라는 점이다. 특히 가입기간이 짧거나 경력 단절 구간이 있는 사람에게는, '요건을 채우는 감각' 자체가 달라진다.

그리고 실업 크레딧은 조금 더 생활에 닿아 있다. 실직으로 소득이 끊겼을 때, 국민연금 보험료 납부를 이어가도록 지원해 가입기간을 유지하게 돕는 제도다. 국민연금공단 FAQ 안내에서는 지원 대상과 신청 방식, 보험료 지원(지원 수준·기간 등)을 제도 형태로 설명하고 있다.

실업이라는 시간은 사람을 조급하게 만든다. 당장 생활비가 급한데, 연금까지 챙기라는 말은 사치처럼 들린다. 그런데 바로 그때 가입기간이 끊기면, 훗날 연금의 모양도 달라진다. 실업 크레딧은 "지금의 불안을 혼자 견디지 않게 하는 제도적 손잡이"에 가깝다.

다만 크레딧은 '알고 신청하고 확인하는 사람'에게 더 잘 작동한다. 제도는 있어도, 내 계정에 반영됐는지 확인하지 않으면 그냥 지나가버린다. 그래서 이 장에서의 실전은 거창하지 않다.

첫째, 내 가입기간과 공백 구간을 먼저 정리한다.

둘째, 공백 구간이 출산·군복무·실업과 맞닿아 있다면, 크레딧 적용 가능성을 확인한다(시행 시점, 요건, 신청 필요 여부를 포함해서).

셋째, 반영 여부를 끝까지 확인한다. 연금은 "될 거예요"가 아니라 "되어 있네요"까지 가야 마음이 놓인다.

크레딧은 과거를 바꾸지 못한다. 하지만 과거를 해석하는 방식을 바꾼다. 쉬었던 시간, 멈췄던 시간, 나라를 위해 비워둔 시간이 '연금과 무관한 공백'으로만 남지 않게 한다.

그리고 그 변화는 의외로 조용하다. 월 연금액이 드라마처럼 뛰지 않아도, 사람은 이렇게 말하게 된다. "그래도 그 시간이 다 사라진 건 아니네요."

국민연금 전략은 여기서부터 더 인간적이 된다. 제도가 삶을 재단하는 게 아니라, 삶이 제도를 통해 다시 이어지는 순간. 그게 크레딧이 주는 진짜 의미다.

4. 개요 관계가 바뀌면 연금도 바뀐다

연금 상담을 하다 보면, 돈의 크기보다 먼저 흔들리는 순간이 있다. 관계가 바뀌는 순간이다. 이혼은 감정의 끝으로 보이지만, 제도 안에서는 권리와 책임의 시작이 된다.

그리고 사별은 한 사람의 부재로 끝나는 일이 아니라, 남겨진 가족의 생활을 다시 세우는 일이다. 문제는 많은 사람들이 그 순간에 너무 바빠진다는 것이다. 정리해야 할 서류가 많고, 마음은 더 무겁다.

그 틈에서 연금은 '나중에'가 된다. 하지만 분할연금은 청구기한을 놓치면 돌이키기 어렵고, 유족연금은 선택을 잘못하면 매달의 생활이 바뀐다. 이 장은 관계 변화가 곧 연금 변화로 이어지는 현실을 정리한다.

놓치면 사라지는 권리, 알고 나면 지킬 수 있는 생활. 제도는 차갑지만, 그 제도를 제대로 쓰는 일은 결국 누군가의 삶을 따뜻하게 지키는 방법이 된다.

4. 관계가 바뀌면 연금도 바뀐다

이혼 후 분할연금 놓치면 돌아오지 않는 권리

이혼 상담을 하다 보면, 어떤 분들은 연금을 "그 사람 돈"이라고 말한다. 이미 끝난 관계인데, 왜 내가 거기에 손을 대야 하느냐고. 그 말이 이해되지 않는 건 아니다.

서류를 정리하는 순간마다 마음이 다시 아파오고, 애써 닫아둔 기억이 열리기 때문이다. 그런데 제도는 감정을 따라 움직이지 않는다. 제도는 '기간'과 '요건'과 '청구'로 움직인다.

분할연금은 바로 그 틈에서 생기는 권리다. 마음으로는 끝났는데, 삶에서는 아직 연결되어 있는 시간. 그 시간을 생활로 바꿔주는 장치가 분할연금이다.

　분할연금은 쉽게 말하면, 혼인기간 동안 형성된 노령연금의 일부를 이혼한 배우자에게 나누어 지급하는 제도다. 중요한 포인트는 "혼인기간에 해당하는 부분"이라는 말이다.

　국민연금공단 안내에 따르면, 급여 수준은 배우자였던 사람의 노령연금액(부양가족연금액은 제외) 중 혼인기간에 해당하는 연금액의 2분의 1을 지급하는 것이 원칙이다.

　다만 2016년 12월 30일 이후 분할연금 지급사유가 발생한 건은 당사자 협의나 법원 판단으로 분할비율을 달리 정할 수도 있다.

　이 말은 단순하다. "자동으로 반"이 아니라, 관계 정리 과정에서 합의나 판결로 비율을 정했다면 그 비율이 반영될 수 있다는 뜻이다.

　그래서 이혼 과정에서 재산분할만 이야기하고 연금분할을 놓치면, 나중에 다시 꺼내기 어렵다. 그때는 감정이 아니라 생활이 문제로 돌아온다.

　많이들 착각하는 지점이 하나 있다. 분할연금은 이혼하자마자 바로 나오는 돈이 아니다. 내 나이가 분할연금 수급연령에 도달해야 하고, 상대방도 노령연금 수급권이 있어야 한다. 이혼 시점과 상대방의 수급 시점 사이에 시간 차가 생기는 이유가 여기 있다.

　그런데 그 시간을 그냥 흘려보내면 위험해진다. 분할연금은 청구기한이 있기 때문이다. 공단 안내 기준으로, 분할연금을 청구할 권리는 수급권이 발생한 때로부터 5년 이내에 청구하지 않으면 제척기간 만료로 받을 수 없게 된다.

　'5년'은 길어 보이지만, 막상 그 시점이 오면 사람은 또 바빠진다. 건강이 흔들리거나, 부모 부양이 겹치거나, 일자리가 바뀌거나. 그래서 제도는 '나중에'가 아니라 '미리' 준비하는 사람이 가져간다.

이 때문에 분할연금에는 선청구라는 특례가 있다. 이혼 시점과 연금 수급 시점 사이의 격차를 고려해, 지급사유가 도래하기 전에도 청구를 걸어둘 수 있게 만든 장치다.

공단 안내에 따르면 이혼 효력이 발생한 때부터 3년 이내에 분할연금 지급(선)청구서를 제출해 선청구를 신청할 수 있고, 선청구와 선청구 취소는 1회에 한해 가능하다. 다만 선청구를 했다고 해서 바로 지급되는 것은 아니고, 모든 수급요건을 충족해 수급권이 발생한 이후부터 지급된다.

이 문장은 실무에서 아주 중요하다. '지금 돈을 받기 위해'가 아니라 '나중에 권리를 잃지 않기 위해' 하는 절차이기 때문이다.

또 하나. 분할연금은 단순히 혼인신고 기간만 세는 것이 아니다. 공단은 일정 요건하에서 실질적 혼인관계가 없었던 기간(별거·가출 등)을 혼인기간에서 제외해 산정할 수 있도록 안내하고 있다.

이건 누군가를 벌주기 위한 제도가 아니라, 실제로 함께 살며 형성된 기간을 기준으로 공정성을 맞추기 위한 장치다. 그래서 분할연금을 준비한다는 건 상대를 다시 붙잡는 일이 아니다. 내 삶의 빈칸을 제도적으로 메우는 일이다.

나는 이 장을 이렇게 정리하고 싶다. 분할연금은 '전 배우자와 다시 얽히는 돈'이 아니라, '내가 그 시간 동안 같이 살아낸 삶의 몫'을 생활로 바꾸는 방법이다.

이혼은 관계의 종료지만, 생활은 계속된다. 계속되는 생활 앞에서, 권리는 감정과 무관하게 준비되어야 한다. 그리고 그 준비의 핵심은 단 하나다. 기한을 놓치지 않는 것.

사별을 겪은 뒤 상담실에 들어오는 사람들은 대개 비슷한 표정을 하고 있다. "무슨 서류가 이렇게 많죠"라는 말보다 먼저, "앞으로 어떻게 살아야 하죠"라는 숨이 나온다.

유족연금은 바로 그 숨을 조금 덜어주는 장치다. 그런데 유족연금은 '자동 지급'이 아니라 '요건 충족과 선택'으로 완성된다. 그래서 슬픔 속에서도 현실적인 질문을 놓치면 안 된다. 남겨진 가족의 생활은, 제도를 아는 만큼 덜 흔들린다.

국민연금공단 안내에 따르면 유족연금은 노령연금수급권자, 일정 요건을 충족한 가입자(였던 사람) 등이 사망했을 때 유족에게 지급된다.

그리고 유족연금액은 가입기간에 따라 기본연금액의 40%·50%·60%에 부양가족연금액을 더하는 구조로 안내되어 있다. 가입기간 10년 미만은 40%, 10년 이상 20년 미만은 50%, 20년 이상은 60%다.

또 한 가지 중요한 제한이 있다. 사망한 사람이 노령연금수급권자였던 경우 유족연금액은 그 사람이 받던 노령연금액을 초과할 수 없고, 노령연금 지급연기로 인한 가산금액은 유족연금에 반영되지 않는다고 공단은 명시한다.

이 지점에서 많은 분들이 기대와 현실을 다시 맞추게 된다. '남편이 연기했으니 유족연금도 더 많겠지'라고 생각했다가, 실제 계산에서 달라지는 경우가 있기 때문이다.

하지만 유족연금에서 더 자주 놓치는 건 '금액'보다 '지급 방식'이다. 특히 배우자의 유족연금은 지급정지 규정이 있다. 공단은 배우자인 유족연금 수급권자에 대해, 수급권이 발생한 때부터 3년 동안은 지급한 뒤 55세가 될 때까지 지급을 정지한다고 안내한다.

다만 일정 요건에 해당하면 지급정지를 하지 않는 예외가 있고, 출생연도에 따라 지급정지 해제 연령이 상향 조정된다는 점도 함께 안내한다.

법률 조문에서도 같은 구조를 확인할 수 있다. 배우자에게 3년 지급 후 55세까지 지급정지, 다만 장애상태이거나 25세 미만(또는 장애상태) 자녀의 생계를 유지하는 경우, 또는 대통령령이 정하는 소득이 있는 업무에 종사하지 않는 경우 등은 정지하지 않는다고 규정한다.

이 규정이 차갑게 느껴질 수 있다. 하지만 제도의 의도는 '남겨진 가족의 최소 생활'과 '노후 보장' 사이를 조정하는 데 있다. 그래서 중요한 건 감정이 아니라 시나리오다.

배우자가 지금 몇 살인지, 자녀 부양이 있는지, 앞으로 소득활동 계획이 있는지. 같은 유족연금이라도 삶의 조건에 따라 체감이 완전히 달라진다.

그리고 사별 이후, 두 번째 선택이 찾아온다. 내 연금과 유족연금이 겹치는 경우다. 이때는 둘을 100% 다 받지 못하고, 원칙적으로 하나를 선택해 받게 된다.

다만 선택하지 않은 급여가 유족연금인 경우에는 '선택한 급여 + 유족연금액의 30%'를 추가 지급하는 조정완화 규정이 공단 안내에 정리되어 있다.

이 선택은 숫자만으로 결정되지 않는다. 생활 패턴, 건강, 향후 소득, 부양가족 여부가 함께 들어가야 한다. 어떤 분에게는 당장의 월 현금흐름이 더 중요하고, 어떤 분에게는 장기적으로 안정적인 구조가 더 중요하다.

그래서 나는 이걸 "유족연금을 받느냐 마느냐"가 아니라 "남겨진 생활을 어떤 리듬으로 유지하느냐"의 문제로 설명한다.

마지막으로, 반드시 알고 있어야 하는 한 줄이 있다. 재혼이다. 배우자가 유족연금 수급권자인 경우, 재혼하면 그 수급권은 소멸한다는 규정이 법에 있다.

이건 가치 판단의 문제가 아니다. 제도 설계의 전제다. 그래서 재혼을 권리의 손실로 겁주고 싶지는 않다. 다만 선택의 결과를 정확히 알고 결정해야 한다. 그래야 나중에 "몰랐다"가 "후회"로 남지 않는다.

유족연금은 결국 한 문장으로 정리된다. 떠난 사람의 연금이 아니라, 남겨진 사람의 생활이다. 슬픔은 시간이 지나도 남지만, 생활은 매달 반복된다. 그 반복을 지키는 일이 설계다. 그리고 설계는 거창한 금융지식이 아니라, 관계의 변화 앞에서 제도를 정확히 읽는 힘에서 시작된다.

5. 개요 연금계좌는 절세가 아니라 수령의 기술이다

연금저축과 IRP를 이야기하면 많은 사람들은 먼저 "얼마 돌려받아요?"를 묻는다. 세액공제는 분명 매력적이다. 하지만 노후는 '넣는 순간'보다 '받는 순간'이 훨씬 길다.

그래서 연금계좌의 진짜 힘은 절세 그 자체가 아니라, 수령을 어떻게 설계하느냐에서 갈린다. 같은 돈을 모아도 누군가는 매달의 생활이 부드러워지고, 누군가는 인출 타이밍과 방식 때문에 세금과 리듬이 흔들린다. 이 장은 세제혜택을 목표로 두지 않고, 세제혜택을 구조로 쓰는 방법을 정리한다.

연금저축은 유연함의 계좌이고, IRP는 퇴직과 노후를 한 통로로 묶는 계좌다. 중요한 건 둘 중 무엇이 더 좋으냐가 아니라, 내 현금흐름과 은퇴 이후의 생활 리듬에 어떤 조합이 맞느냐다. 결국 연금은 수익률보다 지속성이고, 지속성은 '받는 방식'을 정리할 때 비로소 만들어진다.

5. 연금계좌는 절세가 아니라 수령의 기술이다

연금저축과 IRP 세제혜택을 구조로 쓰는 방법

연금계좌를 준비하는 사람들에게 내가 가장 자주 하는 말이 있다. 세금은 보너스고, 구조가 본체다. 세액공제는 시작을 도와주지만, 노후를 살아내는 건 결국 구조다. 그래서 연금저축과 IRP를 비교할 때도 "어느 쪽이 더 절세돼요?"보다 "어느 쪽이 내 흐름을 덜 끊어요?"를 먼저 묻는다.

먼저 세액공제의 뼈대를 정확히 잡아두자. 현행 소득세법은 연금계좌 납입액에 대해 세액공제를 허용하면서, 연금저축은 연 600만원, 연금저축(600만원 이내)과 퇴직연금계좌 납입액을 합산한 총한도는 연 900만원으로 제한한다.

공제율은 종합소득금액(또는 근로소득만 있는 경우 총급여) 기준에 따라 12% 또는 15%다. 이건 '대충'이 아니라 법 조문에 적혀 있는 기준이다. 그러니까 여기서부터는 감이 아니라 세팅이다.

이 한도를 어떻게 쓰느냐가 구조의 시작이다.

연금저축은 비교적 유연하다. 운용 방식도 다양하고(금융사별로 상품 구성은 다르지만), 중간에 자금이 필요할 때 IRP보다 대응 폭이 넓다고 느끼는 사람들이 많다.

반대로 IRP는 원칙적으로 노후 목적의 계좌로 설계되어 있어서 중도인출이 제한적이고, 법정 사유에 해당할 때만 가능하다는 점을 먼저 이해해야 한다. 그래서 나는 종종 연금저축을 '생활의 완충재'로, IRP를 '퇴직 이후의 통로'로 비유한다. 둘은 경쟁이 아니라 역할 분담이다.

세제혜택을 구조로 쓴다는 건, 한도를 꽉 채우자는 말이 아니다. 한도를 '내 돈의 성격별로' 배치하자는 뜻이다.

예를 들어 이런 식이다.

첫째, 정말로 은퇴까지 건드리지 않아도 되는 돈이 있다면 IRP 쪽에 두는 편이 마음이 단단해진다. 계좌 자체가 "쉽게 못 꺼내는 통로"라서, 오히려 장기 유지에 도움이 되기 때문이다.

둘째, 은퇴는 멀지만 인생은 중간에 흔들릴 수 있다면 연금저축 쪽의 유연함을 남겨둔다.

셋째, 두 계좌를 합쳐 '연 900만원 공제 한도'라는 테두리 안에서 균형을 잡는다. 이 과정이 끝나면, 연금 준비가 막연한 다짐에서 월 단위의 습관으로 바뀐다.

그리고 수령 요건도 구조의 일부다. 일반적으로 연금저축은 만 55세 이후, 가입기간 요건(통상 5년) 등을 충족하면 연금으로 수령할 수 있고, 연금 수령 최소기간(예: 10년 등)은 제도·상품 규정에 따라 정해진다(퇴직금이 이체된 경우

등 예외가 있을 수 있다).

중요한 건 "언제부터 받을 수 있나요"만 묻고 끝내지 않는 것이다. "얼마 동안 어떤 속도로 받을 것인가"까지 같이 설계해야 계좌가 '연금'이 된다.

세금도 이 지점에서 의미가 바뀐다. 연금으로 받을 때는 연령에 따라 연금소득세율이 달라지고(지방소득세 포함 55~69세 5.5%, 70~79세 4.4%, 80세 이상 3.3%로 안내되는 경우가 많다), 연간 연금수령액이 일정 기준(예: 1,500만원)을 넘으면 과세 방식 선택이나 종합과세 이슈가 생긴다.

그래서 "연금계좌는 절세 상품"이라는 말은 절반만 맞다. 절세는 '넣을 때'만이 아니라 '받을 때' 완성되기 때문이다.

또 하나, 많은 사람들이 모른 채 넘어가는 구간이 있다. 연금계좌는 '연금수령한도'라는 개념이 있고, 그 한도를 초과해 받는 금액은 16.5%(지방소득세 포함) 세율의 기타소득세로 과세될 수 있다. 즉, 돈을 모으는 기술만큼이나 돈을 꺼내는 속도가 중요하다.

서둘러 당겨 쓰면 세율이 올라가고, 속도를 조절하면 세율이 내려가기도 한다. 연금계좌는 그래서 '연금화'라는 이름의 속도 조절 장치다.

정리하면 이렇다.

연금저축과 IRP는 세액공제를 받기 위해 만드는 계좌가 아니라, 은퇴 이후의 생활비를 월 단위로 정리하기 위해 만드는 통로다. 세액공제 한도 600만원과 합산 900만원은 출발선이고, 그 출발선 위에 "내 돈의 성격"을 나눠 담는 순간부터 구조가 된다.

그리고 구조가 생기면, 연금 준비는 더 이상 의지가 아니라 시스템이 된다. 그 시스템이 노후를 지킨다.

연금계좌를 오래 들고 가는 사람일수록 마지막에 이런 질문을 한다. "저는 연금으로만 받아야 하나요, 아니면 한 번에 받을까요?" 그 질문에는 돈의 계산보다 생활의 감각이 들어 있다.

매달 들어오는 돈이 편한 사람도 있고, 큰돈이 한 번 필요해 마음이 조급한 사람도 있다. 그래서 수령 방식은 정답이 아니라 리듬이다. 다만 그 리듬을 세율이 망치지 않게, 제도가 허용하는 범위 안에서 '기술'로 다듬는 게 중요하다.

먼저 연금수령의 세율 구조를 간단히 잡자. 연금저축 등에서 연금으로 수령하면 연령에 따라 낮은 연금소득세율(지방소득세 포함 5.5%, 4.4%, 3.3%)이 적용되는 방식으로 안내된다. 그런데 같은 계좌에서 '연금이 아닌 방식'으로 꺼내면 이야기가 달라진다.

일반적으로 중도인출이나 요건에 맞지 않는 인출에는 16.5% 기타소득세가 적용되는 경우가 많다. 그러니까 선택의 핵심은 "연금으로 꺼낼 것인가, 연금 외로 꺼낼 것인가"다. 일시금이냐 연금이냐의 싸움이 아니라, '연금의 문'으로 나가느냐 '기타소득의 문'으로 나가느냐의 문제다.

하지만 여기서 사람을 흔드는 건 세율이 아니라 삶이다.

은퇴 직후는 지출이 커질 때가 많다. 전세 보증금이 움직이기도 하고, 부모 병원비가 생기기도 하고, 자녀 결혼 같은 이벤트가 찾아오기도 한다.

그 때 "연금은 월로 받는 게 좋습니다"라는 말은 너무 단정하게 들릴 수 있다. 그래서 나는 먼저 리듬을 묻는다.

첫째, 은퇴 직후 1~3년 동안 큰돈이 필요한가.

둘째, 이후에는 월 고정소득이 얼마나 안정적으로 들어오면 마음이 편한가.

셋째, 내 소득의 다른 축(국민연금, 퇴직연금, 임대소득 등)은 언제부터 얼마가 들어오는가.

이 세 가지가 정리되면, 수령 방식은 계산보다 생활로 자연스럽게 정리된다.

혼합수령은 그래서 현실적이다. 계좌를 전부 월 연금으로 바꾸는 게 아니라, 필요한 구간에는 일부를 쓰고 나머지는 리듬 있게 받는 방식이다. 다만 여기서 반드시 지켜야 할 선이 있다. 연금계좌에는 연금수령한도 개념이 있고, 그 한도를 넘겨 받는 금액은 16.5% 기타소득세로 과세될 수 있다.

즉, "혼합"을 하더라도 속도를 통제해야 한다. 큰돈이 필요하다고 해서 계좌를 급하게 당겨 쓰는 순간, 세율이 생활을 흔들 수 있다.

또 하나의 현실은 연간 연금수령액 1,500만원 기준이다. 일정 금액 이하라면 과세가 비교적 단순한 편이지만, 초과 구간에서는 과세 방식 선택 또는 종합과세 고려가 필요해질 수 있다. 그래서 '월 리듬'은 결국 '연 리듬'으로도 점검해야 한다.

월 120만원이 익숙해 보이지만, 연으로 합치면 1,440만원이다. 10만원이 늘어나는 순간, 세금의 풍경이 달라질 수 있다. 이 차이는 생활에서는 작아 보여도, 노후에서는 길게 남는다.

여기서 연금계좌의 본질이 다시 보인다. 연금계좌는 "절세 통장"이 아니라 "수령 속도 조절기"다. 빨리 꺼내면 기타소득이 되고, 천천히 꺼내면 연금소득이 된다.

그리고 연금소득은 나이에 따라 세율이 더 낮아진다. 그러니까 수령의 기술은 결국 두 문장으로 정리된다.

하나, 가능한 한 연금의 문으로 나간다.

둘, 내 삶의 리듬에 맞는 속도를 만든다.

마지막으로, 이 장에서 꼭 남기고 싶은 감각이 있다.

노후의 생활비는 크게 한 번에 오는 돈보다, 작아 보여도 끊기지 않는 돈이 사람을 살린다. 월급이 사라진 뒤에는 특히 그렇다. 그래서 연금은 금액의 문제가 아니라 심리의 문제다.

매달 들어오는 돈이 있다는 건, 내가 아직 삶의 중심을 잃지 않았다는 증거가 된다. 다만 그 증거를 만드는 방식은 사람마다 다르다. 누군가는 일시금이 있어야 불안이 줄고, 누군가는 월 연금이 있어야 잠이 온다. 중요한 건 세율이 아니라 리듬이다.

연금계좌는 그 리듬을 설계할 수 있게 해주는 도구다. 그리고 도구는, 알고 쓰는 사람의 삶을 조용히 바꾼다.

6. 운용과 상품 선택이 노후를 결정한다

연금의 구조를 세워도 마지막에 남는 질문은 늘 하나다. "그래서, 어떻게 굴리죠?" 노후는 길고, 길다는 건 변수도 길다는 뜻이다. 금리는 바뀌고 시장은 흔들리고, 내가 감당할 수 있는 위험의 크기도 나이에 따라 달라진다.

그래서 노후 준비의 승부는 가입서류가 아니라 운용의 습관에서 갈린다.

어떤 사람은 같은 돈으로도 매달의 생활이 부드러워지고, 어떤 사람은 수익률을 좇다가 정작 필요한 시기에 꺼내지 못한다. 이 장은 두 갈래의 길을 함께 다룬다.

하나는 고배당 ETF로 현금흐름을 만드는 방식이다. 배당이라는 '인컴'이 주는 심리적 안정과, 배당만 믿었다가 놓치기 쉬운 리밸런싱의 감각을 짚는다. 다른 하나는 연금보험을 고를 때 반드시 확인해야 할 것들이다.

추가납입, 비용, 그리고 생명표가 바꾸는 연금의 결과. 결국 노후는 운용과 상품 선택이 함께 맞물릴 때 비로소 예측 가능한 삶으로 바뀐다.

6. 운용과 상품 선택이 노후를 결정한다

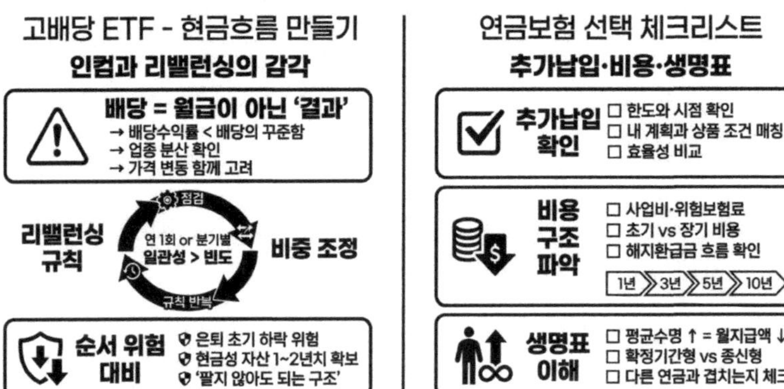

연금을 준비하는 사람들은 종종 "월급 같은 돈"을 원한다. 매달 들어오는 돈. 끊기지 않는 돈. 그 마음은 이해가 된다. 은퇴 이후에는 수입보다 불안이 먼저 오기 때문이다.

그래서 고배당 ETF 이야기가 나오면 눈빛이 달라진다. 배당이라는 단어는 '현금흐름'이라는 단어보다 더 따뜻하게 들린다. 통장에 찍히는 숫자가 있다는 건, 사람을 생각보다 쉽게 안정시킨다.

하지만 배당을 '월급'으로 착각하는 순간부터 위험이 시작된다. 배당은 약속이 아니라 결과다. 기업이 이익을 내고, 그 이익을 배당으로 나누고, 시장이 그 기업을 평가해 가격을 만들고, 그 모든 흐름이 합쳐져 ETF의 배당금과 가격이 결정된다

그러니 고배당 ETF를 노후의 기둥으로 삼을수록, 오히려 더 냉정한 감각이 필요하다. 인컴의 온기를 누리되, 숫자의 차가움을 함께 들고 가야 한다.

고배당 ETF로 현금흐름을 만든다는 건 크게 두 가지를 설계하는 일이다. 하나는 배당금의 흐름이고, 다른 하나는 가격 변동을 견디는 방식이다. 배당금만 바라보면 가격 하락이 보이지 않고, 가격만 바라보면 배당금이 주는 안정이 사라진다. 노후 설계는 이 둘 사이의 균형을 잡는 일이다.

먼저 인컴의 감각부터 정리해보자. 고배당 ETF를 선택할 때 사람들은 보통 '배당수익률' 숫자부터 본다. 그런데 노후의 생활비는 수익률이 아니라 '변동성'에 흔들린다. 배당수익률이 높아도 가격이 크게 떨어지면, 꺼내 쓰는 순간 손실이 현실이 된다.

그래서 나는 질문을 바꾼다. 배당이 높냐가 아니라, 배당이 얼마나 꾸준했느냐. 그리고 그 배당이 어떤 기업들에서 나오느냐. 한 업종에 쏠려 있는지, 경기 민감도가 큰지, 구조적으로 배당을 유지하기 어려운 기업이 섞여 있는지. 노후의 인컴은 '크게 한 번'보다 '작게라도 오래'가 더 강하다.

다음은 리밸런싱이다. 리밸런싱은 투자 기술처럼 들리지만, 실제로는 노후의 체온 조절이다. 시장이 오를 때는 내 포트폴리오가 과열되고, 시장이 내릴 때는 내 마음이 얼어붙는다.

그때 리밸런싱은 "뜨거울 때 덜고, 차가울 때 채우는" 규칙이 된다. 규칙이 있으면 사람은 흔들려도 무너지지 않는다. 반대로 규칙이 없으면, 수익률이 아니라 감정이 운용을 결정한다.

고배당 ETF를 연금 흐름으로 쓰려면 리밸런싱을 더 단순하게 가져가는 편이 좋다. 분기마다 할 필요도 없고, 매일 볼 필요도 없다. 대신 기준을 정한다.

예를 들어 주식형 비중이 일정 비율을 넘어가면 일부를 줄이고, 반대로 너무 낮아지면 조금씩 다시 채운다. 혹은 연 1회만 날짜를 정해 점검한다. 중요한 건 빈도가 아니라 일관성이다. 노후 자금은 '정교한 한 번'보다 '거친 반복'이 더 안전할 때가 많다.

여기서 빠지지 않는 리스크가 하나 있다. 순서 위험, 그러니까 은퇴 초기에 큰 하락을 맞는 위험이다. 은퇴 초반에 시장이 크게 흔들리면, 그때 인출한 돈은 다시 회복할 기회가 줄어든다. 같은 수익률이라도 "언제 하락이 왔는지"에 따라 결과가 달라지는 이유다.

그래서 고배당 ETF를 쓰더라도 현금성 자산이나 단기 안전자산을 함께 두는 것이 도움이 된다. 생활비의 몇 달치 혹은 1~2년치 완충이 있으면, 시장이 흔들릴 때 억지로 팔지 않아도 된다. '팔지 않아도 되는 구조'가 생기면, 고배당 ETF의 인컴은 그제야 제 역할을 한다.

또 하나. 배당금은 심리적으로는 소득처럼 느껴지지만, 세금과 계좌의 성격에 따라 체감이 달라질 수 있다. 같은 배당금이라도 계좌가 다르면 들어오는 방식이 달라진다.

그래서 나는 고배당 ETF를 권할 때도 "무엇을 사라"보다 "어디에 담을 거냐"를 먼저 묻는다. 노후는 수익률 경쟁이 아니라, 내 삶의 리듬을 망치지 않는 방식의 선택이기 때문이다.

결론은 단순하다. 고배당 ETF는 노후의 현금흐름을 '만들 수 있는' 도구다. 하지만 자동으로 만들어주지는 않는다. 인컴을 기대한다면 리밸런싱이 필요하고, 리밸런싱을 하려면 규칙이 필요하다. 규칙이 생기면 불안은 줄어든다.

그때 배당금은 단순한 숫자가 아니라, 내가 살아가는 속도를 지지해주는 리듬이 된다. 노후의 투자는 결국, 내 마음이 흔들릴 때도 지킬 수 있는 규칙을 갖는 일이다. 그 규칙이 있는 사람에게 고배당 ETF는 꽤 좋은 동반자가 된다.

연금보험을 고를 때 확인할 것 추가납입, 비용, 생명표가 바꾸는 결과

연금보험을 상담하다 보면, 사람들은 종종 "안정적이죠?"를 먼저 묻는다. 그 질문 속에는 소망이 섞여 있다. 시장이 흔들려도 내 노후는 흔들리지 않았으면 하는 소망. 그래서 연금보험은 여전히 매력적이다.

다만 안정이라는 단어는 한 덩어리가 아니다. 무엇이 안정적인지, 어떤 조건에서 안정적인지, 그 안정이 어떤 비용과 교환되는지. 그걸 확인하지 않으면 안정은 기대가 되고, 기대는 실망으로 바뀐다.

연금보험을 고를 때 가장 먼저 확인해야 하는 건 '내가 원하는 안정의 종류'다. 원금의 안정인지, 지급의 안정인지, 금리의 안정인지, 혹은 심리의 안정인지. 같은 상품이라도 사람마다 중요하게 여기는 안정이 다르다.

누군가는 해지환급금의 흐름이 중요하고, 누군가는 종신지급이 더 중요하다. 그래서 체크리스트는 단순해야 한다. 추가납입, 비용, 생명표. 이 세 가지만 제대로 이해해도 선택은 훨씬 깔끔해진다.

첫째, 추가납입이다.

추가납입은 "더 넣을 수 있다"가 아니라 "어떤 돈을 어디에 넣는가"의 문제다. 연금보험은 보통 기본보험료가 있고, 그 외에 추가로 납입할 수 있는 구조가 붙어 있는 경우가 있다. 중요한 건 여기서부터다.

추가납입은 대체로 한도와 시점이 정해져 있고, 상품마다 조건이 다르다. 어떤 상품은 일정 기간만 가능하고, 어떤 상품은 기본보험료의 몇 배까지 허용하는 식으로 제한이 걸린다.

그래서 연금보험을 고를 때는 "추가납입이 가능한가"가 아니라 "내가 추가로 넣을 계획이 있는 돈을 이 상품이 받아줄 수 있는가"를 묻는 편이 맞다.

그리고 추가납입은 효율의 문제로 이어진다. 같은 돈을 넣어도 어디에 들어가느냐에 따라 남는 적립금이 달라질 수 있다. 여기서 둘째 요소, 비용이 등장한다.

둘째, 비용이다.

사람들은 연금보험을 볼 때 금리나 예상연금액에 시선이 먼저 간다. 그런데 결과를 바꾸는 건 종종 금리가 아니라 비용이다. 사업비, 위험보험료, 유지비용 같은 항목들은 상품 구조에 따라 다르게 붙는다.

특히 가입 초기에 비용이 크게 반영되는 구조도 있고, 시간이 지나며 완만해지는 구조도 있다. 그래서 "초기 해지하면 손해"라는 말이 생긴다. 손해라는 감정이 아니라 구조의 언어로 말하면, 초기에 비용이 먼저 빠져나가기 때문에 적립이 늦게 출발하는 경우가 있다는 뜻이다.

이걸 이해하지 못하면, 중간에 마음이 흔들린다. 흔들리는 순간 해지라는 선택이 나오고, 해지는 곧 '설계의 중단'이 된다.

그래서 연금보험을 고를 때는 '연금액'만 보지 말고 '적립의 속도'를 같이 봐야 한다. 납입 1년, 3년, 5년, 10년 시점의 해지환급금 흐름이 어떤지. 내가 버틸 수 있는 시간과 상품이 요구하는 시간이 맞는지.

노후 준비는 결국 오래 가는 싸움이고, 오래 가려면 내 마음이 지치지 않아야 한다. 비용 구조를 아는 건 마음을 지키는 기술이기도 하다.

셋째, 생명표다.

생명표는 낯설게 들리지만, 연금보험의 결론을 바꾸는 조용한 변수다. 연금은 '얼마를 모았냐'만으로 결정되지 않는다. '얼마 동안 나눠 주느냐'로도 결정된다. 생명표는 평균적인 생존 확률을 반영해, 같은 적립금을 어느 기간으로 나눠 지급할지를 계산하는 기준이 된다.

평균수명이 길어질수록, 같은 돈을 더 긴 시간에 나눠야 한다. 그러면 월 연금액은 낮아질 수 있다. 여기서 많은 사람들이 혼동한다. "내가 오래 살면 더 받는 거 아니에요?" 종신연금의 총합은 오래 살수록 늘어날 수 있다.

하지만 월 지급액이라는 문장 하나만 놓고 보면, 기대여명(살아갈 기간)이 길어질수록 월 금액이 낮아지는 구조가 생길 수 있다. 이 차이를 이해하지 못하면, '종신'이라는 단어만 믿고 월 금액의 의미를 놓친다.

그리고 연금보험에는 선택지가 있다. 확정기간형, 종신형, 혹은 그 사이의 방식들. 확정기간형은 기간이 정해져 있어 월 금액이 상대적으로 커질 수 있지만, 기간이 끝나면 지급도 끝난다. 종신형은 오래 사는 위험을 덜어주지만, 월 금액은 상대적으로 낮아질 수 있다.

어느 쪽이 옳으냐가 아니라, 내 삶의 리듬과 다른 연금(국민·퇴직·연금계좌·투자 인컴)과의 조합이 어떻게 되느냐가 중요하다. 연금보험 하나로 모든 걸 해결하려 하면 선택이 어려워지고, 조합으로 보면 오히려 단순해진다.

마지막으로, 연금보험은 "가입"으로 끝나지 않는다.

내 계획이 바뀌면 납입 방식도, 추가납입도, 연금 개시 시점도 점검해야 한다. 그래서 나는 연금보험을 추천할 때 이렇게 말하곤 한다. 연금보험은 안정의 도구가 아니라, 안정으로 가는 약속의 형태라고. 약속은 조건을 알아야 지킬 수 있다.

추가납입은 계획을 붙들어주고, 비용은 시간을 요구하며, 생명표는 월 지급액의 결을 바꾼다.

이 세 가지를 이해한 사람에게 연금보험은 '막연한 안정'이 아니라 '설계된 안정'이 된다. 그리고 설계된 안정은, 노후를 가장 조용하게 지켜준다.

● 주요 활동

• 현) 법성 손해사정 대표
• 현) 태권도 협회 공제조합 전담 손해사정사
• 교통사고, 제3보험, 근로재해, 배상책임보험 보상 실무 중심 손해사정 수행
• 1998년 부천 내동가스 충전소 폭발사고 손해사정 수행
• 전) SOS 콜 경인지사장
• 전) 교통법률신문 자문위원
• 전) 부천 소사경찰서 조정위원
• 전) 손해사정사회 경인지부 윤리위원회 간사
• 전) 한남고시학원 강사
• 전) 남서울회계학원 강사
• 한양대학교 보험경영학 석사
• 손해보험·생명보험 대리점 자격 취득
• 자격: 교통안전관리자, 직업상담사

민연홍

010-6788-2808
dreamman2@naver.com

Part 2. 내 권리를 되찾는 보험 청구의 기술
보상은 '협상'이 아니라 '입증'이다

1. 보험금은 '받는 것'이 아니라 '증명하는 것'이다
   사고 직후 72시간: 기록이 보상을 만든다
   진단서·영수증·경위서: 증빙의 우선순위

2. 과실비율이 바뀌면 보상금도 바뀐다
   과실 10%의 차이: 손해배상 구조로 이해하기
   블랙박스·CCTV·현장자료: 과실을 뒤집는 결정적 근거

3. 소득 인정이 곧 보상금의 크기다
   근로자·자영업자·프리랜서: 소득 입증의 다른 언어
   휴업손해·일실수입: '못 번 돈'을 계산하는 방식

4. 장해는 진단명이 아니라 '기준'으로 인정된다
   의학적 장해와 노동능력상실: 평가가 갈리는 지점
   후유장해 판단의 타이밍: 검사·치료종결·재평가 포인트

5. 합의는 마지막이 아니라 전략의 결산이다
   서두른 합의가 남기는 공백: 치료와 보상의 순서
   합의서 한 줄이 바꾸는 권리: 면책·향후치료비·특약 체크

6. 당당한 청구를 위한 손해사정 로드맵
   내 사건의 쟁점 정리: 과실·소득·장해로 프레임 잡기
   상담부터 지급까지: 의뢰인이 준비해야 할 자료와 질문

민연홍

"보상은 협상이 아니라 입증이다,
숨은 보험금을 찾아주는 현미경 손해사정사"

35년 경력의 면책 전문 손해사정사로, '받아야 할 보상'을 감이 아니라 근거로 완성해온 실무형 전문가다. 교통사고와 제3보험, 근로재해, 배상책임보험 영역에서 과실 여부, 소득 인정 범위, 의학적 장해 판단처럼 보상금의 크기를 바꾸는 핵심 쟁점을 끝까지 추적한다.

사고 이후 가장 흔들리는 순간에 필요한 것은 말솜씨가 아니라 기록과 기준이라는 믿음으로, 의뢰인이 법적으로 당당하게 권리를 확보하도록 돕는다. 숫자보다 사실관계, 주장보다 증빙을 우선하는 '입증의 설계'가 그의 일하는 방식이다.

보상은 대화의 기술이 아니라 사실을 끝까지 세우는 일이다. 작은 증거 하나가 보상금의 크기를 바꾸고, 한 줄의 문장이 권리를 살리기도 지우기도 한다는 사실을 현장에서 수없이 확인했다.

그의 일은 '더 받게 해주는' 기술이 아니라, '당연히 받아야 할 것을 당당히 받게 하는' 설계다. 먼저 증명하라. 그 다음에 결과는 따라온다.

Part2. 내 권리를 되찾는 보험 청구의 기술

보상은 '협상'이 아니라 '입증'이다

1. 보험금은 '받는 것'이 아니라 '증명하는 것'이다

사고가 나면 사람은 먼저 금액을 떠올린다. "얼마나 받을 수 있을까요?" 그런데 보상은 금액으로 시작하지 않는다. 사실을 남기는 일로 시작한다. 보험은 억울함을 읽지 못하고, 불안을 위로해주지도 않는다. 대신 날짜가 찍힌 자료, 같은 내용으로 반복되는 기록, 그리고 서로 맞물리는 문서의 흐름을 읽는다.

그래서 보험금은 '받는 것'이 아니라 '증명하는 것'에 가깝다. 같은 사고라도 누군가는 끝까지 보상받고, 누군가는 중간에서 멈춘다. 차이는 운이 아니라 입증의 순서다. 사고 직후 무엇을 남겼는지, 병원에서 어떤 표현으로 기록되었는지, 영수증이 어떤 내역으로 정리되었는지.

이 장은 복잡한 법률 대신, 가장 현실적인 출발점만 다룬다. 72시간의 기록, 그리고 진단서·영수증·경위서의 우선순위. 조용히 정리한 사람이 당당해지는 이유를, 생활의 언어로 풀어본다.

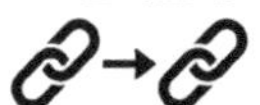

사고 직후 72시간: 기록이 보상을 만든다

사고 직후 사람은 두 가지를 동시에 잃는다. 하나는 평정심이고, 다른 하나는 시간 감각이다. 몸은 놀라고, 주변은 소란하고, 머릿속은 하얗다.

그런데 보험은 그 하얀 시간을 그냥 지나가게 두지 않는다. 지나간 시간은 곧 질문이 된다. "그때 바로 병원에 갔나요?" "현장 자료는 남아 있나요?" "왜 지금에서야 아프다고 하죠?"

그 질문을 막는 건 말이 아니라 기록이다.

나는 사고 직후 72시간을 '보상의 뼈대가 굳는 시간'이라고 부른다. 그때 남긴 자료가 과실을 흔들고, 치료의 인과를 잡고, 비용의 범위를 넓힌다. 반대로 그 72시간이 비어 있으면, 이후는 기억으로 싸우게 된다. 기억은 흔들리고, 흔들리는 말은 결국 약해진다.

첫째, 현장을 기록한다.

사진은 세 장만 지켜도 충분하다.

(1) 멀리서: 차선과 도로 구조가 보이게.

(2) 가까이서: 충돌 지점과 파손 부위가 분명하게.

(3) 방향이 보이게: 신호등, 표지판, 차의 진행 방향이 함께 나오게.

파손만 찍으면 사고가 보이지 않는다. 사고가 보이지 않으면 과실은 다시 '해석'이 된다. 그리고 해석이 시작되면 보상은 느려진다.

둘째, 영상은 '확보'가 먼저다.

블랙박스는 오늘의 진실을 내일의 파일로 바꾸는 도구다. 다만 파일은 덮인다. 그래서 사고 직후에는 "나중에 뽑지 뭐"가 아니라 "지금 분리해두자"가 더 안전하다. CCTV가 있다면 존재를 확인하고, 가능한 한 빨리 확보 루트를 잡는다. 영상은 남아 있을 때는 쉬워 보이지만, 사라지고 나면 다시 만들 수 없다.

셋째, 몸의 상태를 '문장'으로 남긴다.

사고 당일엔 괜찮다가 다음 날 아픈 경우가 많다. 그건 이상한 일이 아니다. 놀란 몸이 늦게 신호를 보내기도 한다. 문제는 그 신호가 기록으로 남지 않으면, 나중에는 "왜 바로 안 아팠죠?"라는 질문으로 바뀐다는 점이다. 그래서 간단한 메모라도 좋다.

어느 부위가, 어떤 통증인지

어지러움/저림/두통 같은 동반 증상은 있는지

잠을 잘 잤는지, 움직일 때 악화되는지

이 메모는 감정을 적는 일기가 아니라, 시간표를 만드는 일이다. 시간표가 있으면 치료 기록이 이어지고, 기록이 이어지면 설명이 단단해진다.

넷째, 초기 진료의 '첫 기록'을 잡는다.

보험에서는 첫 기록이 방향을 만든다. 처음 방문한 의료기관에서의 기록이 이후 치료의 기준점이 되기도 한다.

그래서 너무 참고 버티기보다, 증상이 있다면 초기에 진료를 받고 현재 증상을 정확히 말하는 편이 낫다. 과장할 필요도 없고, 축소할 이유도 없다.

있는 그대로, 구체적으로. "좀 아파요"보다 "목을 돌릴 때 오른쪽으로 당기듯 아프고, 밤에 누우면 두통이 온다" 같은 식으로. 기록은 이렇게 구체적일수록 강해진다.

다섯째, 사고 사실을 '공적 언어'로 남길지 판단한다.

상황에 따라 경찰 신고나 사고접수, 상대방 정보 확보, 보험 접수번호 정리 등 '사고가 있었다'는 객관적 문장이 필요할 때가 있다. 이건 싸움을 키우기 위해서가 아니라, 나중에 사실관계가 흐려지지 않게 하기 위해서다.

마지막으로, 72시간 동안 가장 중요한 기록은 의외로 단순하다. 내 말의 일관성이다. 처음부터 끝까지 같은 흐름으로 설명할 수 있어야 한다. 말이 바뀌면 의심이 생기고, 의심이 생기면 입증 부담이 커진다.

그러니까 사고 직후 72시간은 "더 많이 챙기자"가 아니라 "사실을 잃지 말자"의 시간이다. 그 시간을 지키는 사람은, 나중에 당당해진다. 보상은 목소리로 커지지 않고, 기록으로 단단해진다.

진단서·영수증·경위서: 증빙의 우선순위

보험금 청구가 막히는 이유는 대개 큰 사건이 아니다. 작은 빈칸이다. 날짜 하나가 어긋나고, 표현 하나가 흐리고, 영수증 한 장이 사라진다. 그 작은 틈이 "추가 서류 요청"이 되고, 요청이 반복되면 사람은 지친다. 지친 사람은 빨리 끝내고 싶어지고, 그 순간 보상은 줄어든다.

그래서 증빙은 '많이'가 아니라 서로 맞게 정리해야 한다.

나는 증빙의 우선순위를 이렇게 잡는다.

의학 → 비용 → 경위.

이 순서로 쌓이면 청구는 빠르고, 설명은 짧아진다.

첫째, 의학 증빙의 중심은 진단서 + 의무기록의 흐름이다.

진단서는 병명만 적힌 종이가 아니다. 치료기간, 증상, 의사의 판단이 들어 있는 '첫 문장'이다. 그런데 실전에서는 진단서 한 장보다 더 중요한 것이 있다.

바로 기록의 연속성이다. 처음에는 어떤 증상으로 시작했고, 어떤 검사와 치료를 거쳐, 지금은 어떤 상태인지. 이 흐름이 끊기지 않으면 "왜 치료가 길어졌나요?" 같은 질문이 줄어든다.

그래서 가능하면 통원일지, 처방전, 검사 결과지처럼 치료의 시간표가 되는 자료를 함께 묶어두는 편이 좋다. 보험은 "아프다"보다 "아프게 된 과정"을 더 신뢰한다.

둘째, 비용 증빙의 중심은 영수증 + 진료비 세부내역이다.

총액만으로는 설명이 부족한 경우가 많다. 검사비인지, 처치비인지, 약제비인지, 물리치료인지. 항목이 보이면 비용이 '이해'가 되고, 이해가 되면 인정이 빨라진다.

여기서 중요한 팁이 하나 있다. 영수증을 모을 때는 '한 봉투'가 아니라 한 줄 기록을 같이 남기는 것이다.

10/12 ○○병원: 진료+X-ray

10/18 약국: 처방약

이 한 줄이 나중에 내역서를 찾을 때 시간을 줄여준다. 보상은 결국 시간을 덜 쓰는 사람이 유리하다.

셋째, 경위 증빙의 중심은 경위서(사실관계 정리)다.

경위서는 억울함을 토로하는 글이 아니다. 사건을 시간순으로 정리한 문서다. 짧아도 된다. 단, 정확해야 한다.

언제(날짜/시간)

어디서(장소/도로 상황)

어떻게(진행 방향/신호/상대 움직임)

그 직후 무엇이(증상/조치/병원 방문)

감정을 섞으면 글이 길어지고, 길어지면 오히려 핵심이 흐려진다. 경위서는 '설득문'이 아니라 '기록문'이어야 한다. 그래야 과실 논쟁이 줄고, 치료 인과관계가 선명해진다.

여기서 가장 자주 생기는 실수는 서류끼리 서로 안 맞는 것이다. 사고 날짜와 첫 진료 날짜가 멀어지면 질문이 생긴다. 경위서의 내용과 진료기록의 증상 표현이 다르면 또 질문이 생긴다.

영수증 날짜와 내역서 날짜가 엇갈리면 다시 확인이 시작된다. 보험은 확인이 많아질수록 느려지고, 느려질수록 당사자는 지친다. 그래서 나는 '증빙의 기술'을 이렇게 말한다.

"한 장을 더 내기보다, 한 장을 더 맞추자."

정리의 방식은 간단하면 좋다.

(1) 폴더를 세 개 만든다: 의학 / 비용 / 경위

(2) 모든 종이에 날짜순 번호를 매긴다

(3) 마지막에 한 장짜리 목록을 만든다(제출자료 리스트)

이렇게만 해도 청구는 '감정 노동'이 아니라 '절차'가 된다.

보험금은 누가 더 화가 났는지로 결정되지 않는다. 누가 더 차분히 맞춰냈는지로 결정된다.

진단서·영수증·경위서를 우선순위대로 쌓는 순간, 보상은 협상이 아니라 입증으로 움직이기 시작한다. 그리고 그때, 사람은 이상하게도 마음이 편해진다.

이제는 내가 "달라붙는 사람"이 아니라, "정리된 사람"이 되었기 때문이다.

2. 과실비율이 바뀌면 보상금도 바뀐다

교통사고나 배상사고에서 사람들은 보통 "내가 얼마나 다쳤는지"부터 말한다. 그런데 보상의 세계에서 먼저 움직이는 건 '다친 정도'만이 아니다. 책임의 비율, 즉 과실비율이 함께 움직인다. 같은 치료비, 같은 휴업손해, 같은 위자료라도 과실이 붙는 순간 숫자는 달라진다. 그래서 과실은 감정이 아니라 구조로 이해해야 한다.

10%는 작아 보이지만, 손해배상의 계산식에서는 전 항목에 곱해지는 비율이 된다. 그 차이는 합의금의 끝자리에서 끝나지 않고, 치료의 선택과 회복의 속도, 앞으로의 생활비까지 흔들 수 있다.

이 장은 과실을 '누가 더 잘못했나'의 싸움으로 보지 않는다. 과실을 '어떤 근거로 정해지나'로 바꿔 읽는다. 그리고 그 근거를 바꾸는 가장 현실적인 도구가 무엇인지, 블랙박스·CCTV·현장자료가 왜 결정적이 되는지 정리한다.

보상은 말로 설득하는 일이 아니라, 사실을 입증하는 일이라는 원칙이 과실에서도 그대로 적용되기 때문이다.

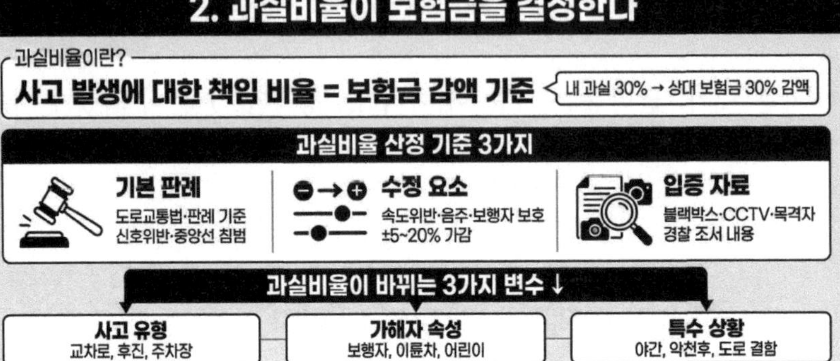

과실 10%의 차이: 손해배상 구조로 이해하기

과실 10%는 숫자처럼 보이지만, 사고 이후의 삶에서는 종종 한 달의 생활비가 된다. 그 차이를 크게 만드는 이유는 단순하다. 과실비율은 보상 항목 하나에만 적용되는 게 아니라, 대부분의 손해배상 항목 전체에 영향을 주기 때문이다. 그래서 "과실이 10% 붙었어요"라는 말은 "보상이 10%만 줄어요"로 끝나지 않는다.

어떤 항목은 그대로 인정되고, 어떤 항목은 비율대로 삭감되고, 어떤 항목은 인정 자체가 까다로워진다. 그 구조를 이해하면, 과실은 억울함의 언어가 아니라 전략의 언어가 된다.

손해배상은 크게 세 덩어리로 나뉜다. 치료와 회복에 들어간 비용, 사고로 인해 못 벌거나 줄어든 소득, 그리고 정신적 손해에 대한 위자료 같은 항목들이다.

실무에서는 치료비와 약제비, 향후치료비, 휴업손해, 일실수입, 위자료, 간병비, 교통비 같은 항목이 함께 묶어 계산된다. 여기에서 과실이 붙으면 어떻게 되느냐. 기본 구조는 간단하다.

총손해액에 과실비율을 반영해 최종 지급액이 정해지는 방식이다. 즉 과실이 10%라면, 인정된 손해액에서 10%가 빠지는 그림이 된다. 문제는 그 '인정된 손해액'이 무엇이냐이다. 사람들은 여기서 자주 놓친다. 과실의 싸움은 사실 손해액의 범위를 넓히고 지키는 싸움과 같이 간다.

예를 들어 치료비는 비교적 명확해 보이지만, 치료의 필요성과 기간이 다투어지면 이야기가 달라진다. 과실이 붙은 사건에서는 보험사나 상대방이 더 적극적으로 "치료가 과다하다" "그 정도 사고에 그 정도 치료가 맞느냐" 같은 질문을 던지는 경우가 있다.

그 질문이 생기는 순간, 보상은 금액이 아니라 설명으로 움직이기 시작한다. 그러니까 과실은 단지 비율이 아니라, 분쟁의 강도를 올리는 스위치가 되기도 한다.

휴업손해와 일실수입은 더 예민하다. 사고로 일을 쉬었는지, 쉬었다면 어느 정도의 소득을 잃었는지, 그리고 그 소득이 객관적으로 인정되는지에 따라 금액이 달라진다.

과실이 붙으면 이 항목들도 비율대로 줄어드는 경우가 많다. 결국 과실 10%는 치료비의 10%가 아니라, 치료비와 소득손해와 위자료의 10%가 한꺼번에 움직이는 차이가 된다. 그래서 "10%면 작은 거죠"라는 말은 실무에서는 위험한 문장이다.

여기서 과실을 이해하는 중요한 관점이 하나 있다. 과실비율은 법으로 딱 고정된 숫자라기보다, 사실관계에 따라 달라질 수 있는 '판단의 결과'라는 점이다.

실무에서는 과실비율을 산정하는 기준표나 관행이 참고로 사용되지만, 사고의 구체적인 사정이 다르면 결론이 달라질 수 있다. 그래서 과실이 억울할 때 해야 할 일은 "저 사람도 잘못했잖아요"를 크게 말하는 게 아니다. "이 사건의 사실은 무엇이었고, 그 사실을 입증하는 자료는 무엇인가"로 돌아오는 것이다.

과실을 구조로 이해하면, 합의 전략도 달라진다. 많은 사람이 합의를 빨리 하고 싶어 한다. 아프고, 바쁘고, 사고가 삶을 점령하기 때문이다. 그런데 과실이 정리되지 않은 상태에서 합의가 급하게 진행되면, 그 뒤에 남는 건 종종 공백이다.

치료를 더 해야 하는데 합의가 끝나버리거나, 과실이 예상보다 크게 반영돼 생활비의 흐름이 꺾이거나, 나중에 자료가 나오는데도 이미 문이 닫혀버리는 경우가 생긴다. 그래서 과실은 초반에 '정리해둘수록' 뒤가 편해진다. 과실을 먼저 잡으면 보상 협상은 훨씬 단순해지고, 치료는 더 안정적으로 이어진다.

결국 과실 10%의 차이는 돈의 차이이기 전에 기록의 차이다. 사고 순간의 사실을 누가 더 정확히 남겼는지, 그 사실을 누가 더 일관되게 설명할 수 있는지. 과실은 감정으로 다투면 길어지고, 구조로 다루면 짧아진다. 그리고 짧아질수록, 보상은 내 삶으로 더 빨리 돌아온다.

블랙박스·CCTV·현장자료: 과실을 뒤집는 결정적 근거

과실이 뒤집히는 순간은 대개 조용하다. 누가 목소리를 높였기 때문이 아니라, 화면 한 장이 등장했기 때문이다. 블랙박스 한 프레임, CCTV 한 각도, 현장 사진 한 장이 "말의 싸움"을 "사실의 정리"로 바꾼다.

과실은 결국 사고를 어떻게 해석하느냐의 문제인데, 영상과 자료는 해석의 폭을 좁혀준다. 좁혀진 해석은 과실을 바꾸고, 과실이 바뀌면 보상금도 바뀐다. 그래서 증거는 많이가 아니라 정확히다.

첫째, 블랙박스는 확보가 먼저다.

많은 사람이 사고가 나면 파일을 "나중에" 확인하려고 한다. 그런데 블랙박스는 저장 방식에 따라 덮어쓰기가 발생할 수 있다. 그래서 사고 직후에는 가능한 한 빨리 원본 파일을 분리해 두는 편이 안전하다.

휴대폰으로 화면을 찍어두는 것도 도움이 되지만, 결정적 순간에는 원본 파일의 화질과 정보가 필요해지는 경우가 많다. 가능하면 메모리카드 보관, 파일 복사본 생성, 사고 전후 구간을 포함한 저장이 기본이 된다. 사고 직후의 급정거, 회피조향, 신호 변화 같은 장면은 '몇 초 차이'로 판단이 갈리는 경우가 있기 때문이다.

둘째, CCTV는 존재 확인이 승부다.

CCTV는 확보보다 먼저 "어디에 있느냐"를 찾는 과정이 필요하다. 매장, 건물, 관공서, 교차로, 주차장. 사고 지점 반경을 좁혀 생각하면 의외로 있다. 문제는 보관 기간이다. CCTV는 영원히 남아 있지 않다.

그래서 사고 뒤 며칠이 지나서 움직이면, 이미 삭제된 경우가 생긴다. 현장에서 주변 건물과 상가를 확인하고, 관리 주체를 파악해 보관 여부를 빠르게 문의하는 것이 실전에서는 큰 차이를 만든다. 내 기억은 흐려져도 CCTV는 그날의 시간을 그대로 들고 있기 때문이다.

셋째, 현장자료는 과실을 '설명 가능하게' 만든다.

현장 사진은 파손을 찍는 데서 멈추면 아쉽다. 과실을 바꾸는 사진은 도로 구조를 보여주는 사진이다. 차선, 유도선, 교차로 형태, 신호등 위치, 표지판, 시야 방해물, 도로 경사, 공사 구간 표시 같은 요소들이 들어가면 "왜 이런 움직임이 나왔는지"가 설명된다.

예를 들어 끼어들기인지, 합류인지, 차로가 줄어드는 구간인지, 좌회전 대기차량이 어디까지 있었는지. 이런 정보가 있으면 사고는 단순 충돌이 아니라 상황으로 복원된다. 상황으로 복원되면 과실은 달라질 수 있다.

넷째, 목격자 진술과 경찰 자료는 보조선이 된다.

영상이 없을 때는 진술이 중요해지고, 영상이 있어도 진술은 때때로 퍼즐을 맞춘다. 동승자의 말보다 제3자의 말이 힘을 갖는 이유는 단순하다. 이해관계가 덜해 보이기 때문이다.

경찰이 현장에 출동했다면 사고 사실 확인서, 조사 내용, 스케치, 진술서 등에서 일관된 흐름이 있는지 확인하는 것도 도움이 된다. 과실은 한 장면으로만 결정되지 않고, 여러 자료가 같은 방향을 말할 때 단단해진다.

다섯째, '기준표'는 정답이 아니라 출발점이다.

실무에는 과실비율을 산정할 때 참고하는 인정기준이 존재하고, 보험사는 이를 근거로 비율을 제시하는 경우가 많다.

하지만 이 기준은 사고 유형을 단순화한 지도에 가깝다. 내 사건의 디테일이 지도 밖에 있으면, 기준표 그대로가 결론이 되지 않을 수 있다.

그래서 과실을 뒤집는 일은 기준표를 부정하는 것이 아니라, 내 사건이 기준표의 어느 지점에서 벗어나는지를 '자료로' 보여주는 일이다.

끼어들기처럼 보였지만 사실은 유도선 구간이었는지, 뒤차 100%처럼 보였지만 앞차의 급차선변경이나 무리한 진입이 있었는지, 신호가 분명했다고 믿었는데 실제로는 점멸이나 시야 제한이 있었는지. 이 '예외의 사정'이 증거로 입증될 때 과실은 움직인다.

여기서 가장 중요한 태도는 하나다. 내 주장부터 세우지 않는다. 내 자료부터 세운다. 사고가 나면 누구나 억울하다. 하지만 억울함은 문서가 아니다. 억울함은 과실을 바꾸지 못한다. 과실을 바꾸는 건, 그날 그 자리의 사실을 보여주는 근거다.

그래서 나는 과실 상담에서 이런 질문을 먼저 한다. "그 순간을 다시 볼 수 있나요?" 볼 수 있다면, 과실은 대개 단단해진다. 내 쪽이든 상대 쪽이든, 사실이 명확해질수록 결론은 빨라진다. 볼 수 없다면, 그때부터는 작은 증거들이 중요해진다. 현장 사진의 각도, 사고 직후 통화 내역, 병원 내원 시점, 차량 수리 견적서의 파손 부위, 주변 CCTV의 유무. 작은 것들이 모여 사고를 복원한다.

과실을 뒤집는다는 말은 자극적으로 들릴 수 있다. 하지만 실무에서는 "뒤집는다"보다 "바로잡는다"가 더 정확하다. 과실은 싸워서 얻는 것이 아니라, 사실을 정리해서 되찾는 것이다.

그리고 그 정리는 블랙박스·CCTV·현장자료라는 현실적인 도구에서 시작된다. 말이 길어질수록 늦어지고, 자료가 선명할수록 빨라진다. 보상은 결국, 가장 조용한 증거를 가진 사람이 당당해지는 구조다.

3. 소득 인정이 곧 보상금의 크기다

사고가 나면 사람들은 먼저 치료를 걱정한다. 그런데 시간이 조금 지나면 질문이 바뀐다. "일을 못 했는데, 그 기간은 어떻게 되나요?" "현금으로 받는 수입도 인정되나요?" "프리랜서라서 급여명세서가 없는데요." 그때부터 보상은 통증의 문제가 아니라 소득의 문제가 된다.

손해배상에서 가장 큰 덩어리는 치료비보다 '못 번 돈'인 경우가 많다. 그래서 소득을 어떻게 인정받느냐가 곧 보상금의 크기를 좌우한다. 문제는 소득이 누구에게나 같은 언어로 기록되지 않는다는 점이다.

근로자는 급여대장과 원천징수로 말하지만, 자영업자는 매출과 비용으로 말하고, 프리랜서는 계약과 입금 내역으로 말한다.

같은 300만원이라도 어떤 사람은 한 장의 서류로 끝나고, 어떤 사람은 열 장의 자료를 모아야 한다. 이 장은 그 차이를 정리한다. 내 직업 형태에 맞는 '소득의 증거'가 무엇인지, 그리고 휴업손해와 일실수입이 어떤 방식으로 계산되는지. 보상은 내가 주장하는 숫자가 아니라, 상대가 납득할 수 있는 자료로 굳어진다는 사실을 잊지 않도록, 가장 현실적인 언어로 정리해본다.

소득 입증에서 가장 중요한 건 "내가 얼마 벌었다"가 아니라 "그 금액이 반복되었다"는 것을 보여주는 일이다. 사고로 쉬게 된 기간이 길어질수록, 일의 공백은 곧 생활비의 공백이 된다.

그 공백을 메우는 보상은 감정이 아니라 자료에서 나온다. 그래서 직업마다 준비해야 할 자료의 묶음이 달라진다. 같은 소득도, 증빙의 언어가 다르기 때문이다.

근로자의 언어는 비교적 단순하다. 회사라는 기록 장치가 있기 때문이다. 통상 급여명세서, 근로계약서, 재직증명서, 원천징수영수증, 급여가 입금된 통장 내역, 4대보험 가입 이력 같은 자료가 기본 축이 된다.

여기서 핵심은 "사고 전의 평소 급여 수준"과 "사고로 일을 못 한 기간"이 겹쳐 보여야 한다는 점이다.

급여명세서가 한두 장만 있으면 '일시적인 수당'인지 '고정급'인지가 헷갈릴 수 있다. 그래서 가능하면 사고 전 몇 개월치 급여 흐름을 가져가는 편이 좋다.

상여, 인센티브, 야근수당처럼 변동 항목이 있다면 더 그렇다. 변동 항목은 인정 자체가 어렵다기보다, 반복성과 기준이 필요해진다. 급여 규정, 성과급 지급 기준, 과거 지급 내역이 함께 있으면 설명이 쉬워진다.

자영업자의 언어는 '매출'과 '이익'으로 바뀐다. 여기서 많은 분들이 첫 단추를 잘못 끼운다.

"매출이 이만큼이었어요"라고 말하지만, 손해배상에서 보는 소득은 단순 매출이 아니라 순소득에 가까운 개념으로 다뤄지는 경우가 많다. 그래서 자료도 매출만 있으면 불안정해지고, 비용만 강조하면 오히려 생활이 유지된 구조가 설명되지 않는다.

실무에서 자영업자는 보통 사업자등록증, 부가가치세 신고서, 종합소득세 신고서, 매출·매입 장부, 카드매출 내역, 현금영수증 내역, 거래처 세금계산서, POS 정산표, 배달 플랫폼 정산 자료, 그리고 실제 입금 통장 흐름이 함께 묶일 때 힘을 갖는다.

특히 '입금 흐름'은 강하다. 신고서가 아직 정리되지 않았거나, 매출이 계절을 타는 업종이라면 더더욱 통장 흐름이 현실을 보여준다.

반대로 통장 흐름이 매출에 비해 너무 들쑥날쑥하면, 그 자체가 추가 설명이 필요한 지점이 된다. 결국 자영업자의 소득 입증은 "나는 벌었다"가 아니라 "나는 운영했다"를 증명하는 작업에 가깝다. 운영했다는 것은 매출이 들어왔고, 비용이 나갔고, 그 차이가 생활을 만들었다는 이야기다.

프리랜서는 세 번째 언어를 쓴다. 이들은 회사도, 사업장도, 경우에 따라서는 '급여'라는 단어도 갖지 않는다. 대신 계약서, 발주서, 용역 제공 확인, 인보이스, 정산서, 원천징수 내역, 입금 통장 내역이 프리랜서의 급여명세서가 된다.

특히 3.3% 원천징수로 정산되는 형태가 많기 때문에, 지급명세서나 원천징수영수증, 세금이 빠져나간 지급 내역은 중요한 단서가 된다. 플랫폼 노동이라면 플랫폼의 월별 정산표가 실질적인 소득 증빙이 된다.

문제는 프리랜서 소득이 '프로젝트 단위'로 움직인다는 점이다. 사고 전후로 계약이 끊겼을 때, 그것이 사고 때문인지 원래 주기가 그렇게 끝난 것인지가 다툼이 될 수 있다.

그래서 프리랜서일수록 "사고 전의 일거리 지속성"을 보여주는 자료가 필요하다. 일정한 거래처가 있었는지, 월별로 비슷한 정산이 반복됐는지, 계약이 이어졌는지. 그 맥락이 잡히면 소득은 숫자로 내려온다.

여기서 자주 나오는 질문이 있다. 현금으로 받은 소득도 인정되나요. 결론부터 말하면, 현금이냐 카드냐의 문제가 아니라 '흔적이 남느냐'의 문제로 귀결되는 경우가 많다.

현금이라도 거래의 반복을 보여줄 자료가 있으면 이야기할 수 있다. 반대로 카드 결제라도 그것이 내 소득인지, 내 통장으로 들어온 구조인지, 비용과 섞인 것인지가 설명되지 않으면 힘이 약해진다. 그러니 소득 입증은 정의의 싸움이 아니라 정리의 싸움이다.

소득 입증을 어렵게 만드는 건 숫자가 아니라 시간이다. 사고가 난 뒤에 자료를 모으려 하면, 이미 놓친 것이 많다. 그래서 사고 초반부터 "내 소득은 어떤 자료로 설명할 수 있는가"를 떠올려야 한다.

근로자는 회사에 요청하면 되는 서류가 있고, 자영업자는 세무자료와 정산자료가 있고, 프리랜서는 계약과 정산의 흔적이 있다. 내 직업의 언어를 알고 있으면, 보상은 훨씬 빨리 현실이 된다. 결국 소득 입증은 돈을 더 받기 위한 기술이 아니라, 내가 잃은 시간을 공정하게 평가받기 위한 준비다.

휴업손해·일실수입: '못 번 돈'을 계산하는 방식

사고로 일을 못 하면, 사람은 두 번 무너진다. 몸이 아픈 한 번, 통장에 입금이 끊기는 한 번. 휴업손해와 일실수입은 그 두 번째 무너짐을 다루는 항목이다. 말은 비슷하지만 의미는 다르다.

휴업손해는 '쉬어야 했던 기간의 소득 손실'에 가깝고, 일실수입은 '장해 등으로 앞으로 벌 수 있었던 소득이 줄어드는 손실'에 가깝다. 하나는 현재의 빈칸이고, 다른 하나는 미래의 빈칸이다. 그래서 계산도, 필요한 자료도 달라진다.

휴업손해는 기본적으로 세 가지 질문으로 정리된다. 첫째, 언제부터 언제까지 일을 못 했는가. 둘째, 그 기간 동안 실제로 소득이 끊겼는가. 셋째, 끊겼다면 그 소득은 어느 정도였는가.

여기서 첫 번째 질문은 의료 기록과 연결된다. 치료가 필요했다는 것, 업무 수행이 어려웠다는 것, 회복까지 시간이 필요했다는 것이 진료기록과 소견으로 설명되어야 한다.

그래서 휴업손해는 병원 기록과 소득 자료가 함께 움직인다. 치료를 열심히 했는데도 휴업손해가 흔들리는 경우는 대개 "일을 못 했다는 증거"와 "그 기간의 소득 구조"가 깔끔하게 연결되지 않았을 때 생긴다.

근로자의 휴업손해는 비교적 직관적이다. 월급이 일정하고, 결근·휴직·병가 기록이 남기 때문이다. 다만 여기서도 함정이 있다. 유급휴가나 회사의 병가 제도로 급여가 그대로 지급된 경우다. 이때는 "나는 쉬었다"와 "나는 소득을 잃었다"가 일치하지 않는다.

손해배상은 통상 손해의 발생을 전제로 하므로, 실제 소득이 유지된 기간은 손해로 보기 어렵거나, 별도의 정리가 필요해질 수 있다. 반대로 자영업자와 프리랜서는 더 복잡하다. 쉬는 동안에도 일부 매출이 발생했을 수 있고, 대체 인력을 썼을 수도 있고, 예약이나 계약이 조정되었을 수도 있다.

그래서 자영업자는 사고 기간의 매출 변동, 인건비 증가, 영업 중단 여부 같은 '운영의 변화'를 보여줘야 한다. 프리랜서는 프로젝트 취소, 납품 지연, 계약 해지, 작업 불가 기간의 정산 중단 같은 흐름을 자료로 묶어야 한다.

휴업손해는 단순히 "쉬었다"가 아니라 "그 쉬는 동안 내가 벌던 방식이 멈췄다”를 보여주는 작업이기 때문이다.

일실수입으로 넘어가면 시간이 길어진다. 일실수입은 장해나 후유증으로 노동능력이 감소했을 때, 앞으로의 소득 감소를 계산하는 방식으로 자주 다뤄진다. 여기에는 보통 기준소득, 노동능력상실률, 노동가능기간, 그리고 현재가치로 환산하는 요소들이 결합된다. 숫자만 보면 차갑지만, 실제로는 한 사람의 미래를 얼마나 현실적으로 그려내느냐의 문제다.

기준소득은 ‘사고 전 소득’과 연결된다. 그런데 사고 전 소득이 늘 완벽하게 증빙되는 건 아니다. 특히 자영업자는 소득신고가 실제 체감과 다르게 나타날 수 있고, 프리랜서는 수입이 들쑥날쑥할 수 있다. 이때 실무에서는 여러 자료를 종합해 평균을 잡거나, 객관 통계에 기대는 방식이 선택되기도 한다.

중요한 건 여기서부터다. 자료가 부족하면 내 미래가 ‘평균값’으로 재단될 수 있다. 평균값이 항상 나쁜 것은 아니지만, 내 현실과 어긋날 수 있다. 그래서 일실수입은 “소득을 평소에 정리해둔 사람”에게 유리한 구조를 가진다. 냉정하지만 사실이다.

노동능력상실률은 의학적 소견과 기능의 제한, 직업의 특성이 함께 엮인다. 같은 상해라도 책상 업무를 하는 사람과 현장 업무를 하는 사람의 손실은 다르게 느껴진다.

그래서 일실수입에서는 “내 일이 어떤 일인가”를 설명하는 자료가 중요해진다. 직무 내용, 작업 환경, 업무 강도, 반복 동작, 필요한 신체 기능. 이런 것들이 쌓이면, 장해가 ‘진단명’이 아니라 ‘일의 손실’로 번역된다. 결국 보상은 병명이 아니라 삶의 기능을 기준으로 움직이는 경우가 많다.

휴업손해와 일실수입을 다룰 때 사람들이 가장 흔히 놓치는 것은 ‘기간의 감각’이다. 휴업손해는 사고 직후의 기간에 집중하지만, 일실수입은 그 이후의 삶을 본다. 그래서 초반에 서두른 합의가 위험해지는 지점이 여기다.

통증이 가라앉는 것과, 기능이 회복되는 것과, 일이 원래대로 돌아오는 것은 속도가 다를 수 있다. 일은 돌아온 것처럼 보이는데 예전만큼 못 벌 수도 있고, 치료는 끝났는데 무리하면 악화될 수도 있다. 이 간극을 무시하면, 미래의 빈칸이 현재의 합의서 안에서 지워져버릴 수 있다.

그래서 실전에서 내가 권하는 순서는 단순하다. 먼저 소득을 정리한다. 그 다음 치료와 회복의 흐름을 정리한다. 그리고 마지막에 '못 번 돈'이 어떤 방식으로 계산되는지 확인한다. 계산은 전문가의 영역일 수 있지만, 자료의 준비는 내 몫이다. 보상은 누가 대신 살아주는 일이 아니다. 내 삶의 손실을 내가 설명할 수 있을 때, 숫자는 내 편이 된다.

결국 소득 인정은 자존심의 문제가 아니다. 생존의 문제다. 사고가 내 삶을 흔들 때, 보상은 내가 다시 일상으로 돌아오기 위한 다리다. 그 다리가 튼튼하려면, 소득이라는 기둥이 증명되어야 한다. 근로자든 자영업자든 프리랜서든, 내 소득의 언어를 알고 준비하는 사람은 당당해진다. 당당함은 목소리에서 오지 않는다. 정리된 자료에서 온다.

4. 장해는 진단명이 아니라 '기준'으로 인정된다

사고 뒤에 남는 건 통증만이 아니다. 움직임이 줄어들고, 손의 힘이 달라지고, 오래 서 있던 몸이 갑자기 버티지 못한다.

그런데 많은 사람들은 그 변화를 '병명'으로 설명하려 한다. 목디스크, 회전근개, 십자인대, 외상 후 스트레스. 물론 진단명은 출발점이다.

하지만 보상에서 장해는 진단명이 아니라 기준으로 인정된다. 어느 관절이 몇 도까지 움직이는지, 신경 손상이 객관적으로 확인되는지, 치료가 끝났는지, 그 상태가 얼마나 지속될지. 그리고 그 변화가 '일하는 능력'에 어떤 영향을 주는지. 장해는 결국 숫자처럼 보이는 문장으로 번역될 때 돈이 된다.

이 장에서는 그 번역의 규칙을 정리한다. 의학적 장해와 노동능력상실은 같은 말이 아니며, 평가가 갈리는 지점에는 늘 자료의 빈칸이 있다. 또 하나의 핵심은 타이밍이다.

너무 빠르면 "아직 고정되지 않았다"는 말이 나오고, 너무 늦으면 "그 사이 다른 원인 아니냐"는 말이 붙는다. 장해는 치료의 끝에서 자연히 생기는 게 아니라, 기준과 시점을 알고 준비한 사람에게 '인정'이라는 형태로 남는다.

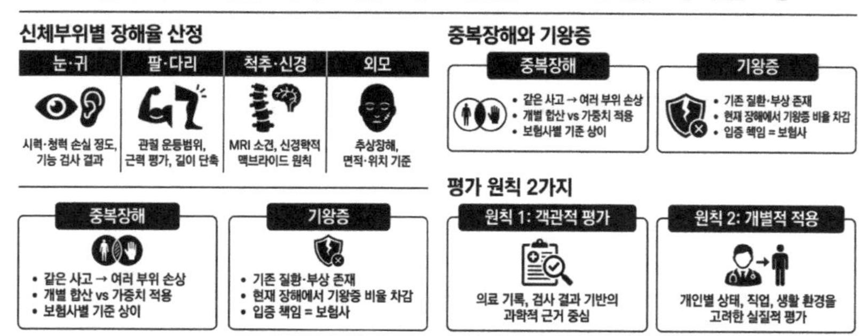

의학적 장해와 노동능력상실: 평가가 갈리는 지점

상담에서 "장해 몇 퍼센트 나오나요?"라는 질문을 받으면, 나는 먼저 질문을 되돌려준다. "어떤 장해를 말하시는 건가요?" 대부분은 여기서 잠시 멈춘다. 장해는 하나의 숫자 같지만 실제로는 두 개의 언어를 가진다.

하나는 의학적 장해이고, 다른 하나는 노동능력상실이다. 둘을 같은 것으로 놓고 시작하면, 나중에 분쟁이 생기기 쉽다.

의학적 장해는 말 그대로 몸의 기능 손상을 기준으로 한다. 관절이 얼마나 굽혀지는지, 근력이 어느 정도 떨어졌는지, 신경학적 결손이 있는지, 영상검사나 검사 결과로 객관화되는지.

보험 실무에서는 약관에 정해진 장해분류표나 지급 기준이 이 영역의 '룰'이 된다. 그래서 의학적 장해는 병원에서 써주는 한 줄 진단서가 아니라, 기능을 측정한 결과로 완성된다. 같은 어깨 통증이라도 가동범위가 정상에 가까우면 장해로 보기 어렵고, 신경 손상이 확인되면 이야기가 달라진다.

여기서 평가가 갈리는 첫 지점이 나온다. 통증은 분명한데, 객관 지표가 부족한 경우다. 통증을 무시하자는 뜻이 아니다. 보상은 통증의 호소가 아니라, 통증이 기능을 어떻게 제한했는지로 움직이기 때문이다.

노동능력상실은 또 다른 질문을 붙인다. "이 손상이 일을 얼마나 못하게 만드는가?" 같은 무릎 손상이라도 사무직과 현장직의 체감이 다르다. 그런데 그 체감이 곧바로 인정으로 이어지지는 않는다.

노동능력상실은 직업, 연령, 숙련도, 사고 전 업무 강도 같은 현실이 함께 들어가야 한다.

법원이나 분쟁 조정에서 자주 쓰는 방식은 '의학적 장해'를 기초로 하되, 그 사람이 하던 일의 성격을 반영해 노동능력상실률을 판단하는 흐름이다. 그래서 노동능력상실은 의학만으로 끝나지 않는다.

내 일이 어떤 일인지, 하루가 어떤 동작으로 구성되어 있었는지, 사고 전과 후의 작업량이 어떻게 달라졌는지까지 설명해야 한다.

여기서 사람들이 가장 자주 놓치는 자료가 있다. 직무 설명이다. "저는 현장직이에요"라는 말은 너무 넓다. 들어올리고, 반복하고, 오래 서고, 높은 곳을 오르고, 정밀하게 손을 쓰고, 야간 운전을 하고. 이 디테일이 있어야 장해가 '삶의 기능'으로 번역된다.

병원 기록은 몸의 상태를 말해주고, 직무 자료는 그 상태가 생활을 어떻게 바꾸는지를 말해준다. 두 문장이 만날 때 설득력이 생긴다.

또 하나 갈리는 지점은 기왕증과 기존 질환이다. 사고로 증상이 시작됐다고 느끼지만, 영상에는 "퇴행성"이라는 단어가 적혀 있을 수 있다. 이때 많은 사람이 바로 싸움을 시작한다. "원래 없었어요."

그런데 실무에서는 원래 없었는지보다 '사고가 증상을 촉발하거나 악화시켰는지'를 어떻게 설명하느냐가 더 중요하게 다뤄진다.

사고 전에는 일상과 업무가 가능했고, 사고 후에는 기능 제한이 생겼다는 흐름. 치료 과정에서 호전과 악화가 어떤 계기로 움직였는지. 그 흐름이 기록으로 남아 있으면, 기왕증은 장애물이 아니라 설명해야 할 배경이 된다. 반대로 기록이 없으면, 퇴행성이라는 단어 하나가 장해를 흔들 수 있다.

평가가 갈리는 순간은 결국 한 가지로 모인다. 기준의 언어로 말할 준비가 되어 있었는가. 의학적 장해는 검사와 측정으로, 노동능력상실은 직무와 생활의 변화로. 둘을 분리해 이해하면 전략이 단순해진다.

"병명이 뭐냐"가 아니라 "기능이 어떻게 제한되었고, 그 제한이 내 일에 어떤 손실을 만들었냐"로 말할 수 있어야 한다. 장해는 억울함으로 인정되지 않는다. 기준으로 인정된다.

장해에서 가장 위험한 말은 "이제 좀 괜찮아졌어요"다. 괜찮아졌다는 말은 다행이지만, 보상에서는 그 말이 애매함이 되기도 한다. 장해는 '아프다'의 문제가 아니라 '남았다'의 문제이기 때문이다.

남았다는 건, 치료를 충분히 했는데도 기능 제한이 고정되었다는 뜻에 가깝다. 그래서 후유장해는 언제 평가하느냐가 결과를 바꾼다. 타이밍을 놓치면, 같은 몸 상태도 다른 결론으로 정리된다.

원칙적으로 후유장해 평가는 치료가 종결되고 증상이 고정된 뒤에 이야기되는 경우가 많다. 여기서 '치료 종결'은 "병원에 안 간다"가 아니다. 의학적으로 더 이상 회복을 기대하기 어렵거나, 남은 제한이 장기간 지속될 것으로 보는 시점에 가깝다.

너무 이른 장해진단은 "아직 치료 중이라 변동 가능성이 있다"는 이유로 다툼이 생기고, 너무 늦은 장해진단은 "그 사이 다른 원인이 섞였을 수 있다"는 의심을 부를 수 있다. 그래서 후유장해는 치료 일정표 위에서 움직여야 한다.

첫 번째 포인트는 검사다. 후유장해는 느낌이 아니라 확인이다. 신경 손상이라면 신경전도/근전도 같은 검사, 관절 기능이라면 가동범위 측정, 인대나 연골 문제라면 MRI 등 영상검사, 통증의 양상이 복합적이라면 기능 평가나 전문의 소견이 중요해진다.

여기서 중요한 건 '검사를 많이 한다'가 아니다. 장해의 기준이 요구하는 지표를 정확히 채우는 일이다. 예를 들어 가동범위는 측정 방식에 따라 결과가 달라질 수 있다. 측정값이 흔들리면 상대는 "일관성이 없다"고 말할 여지를 얻는다. 같은 검사를 반복할 때는 왜 반복했는지, 상태가 어떻게 변했는지까지 기록으로 이어져야 한다.

두 번째 포인트는 치료 종결의 문장이다. 병원에서 "호전되어 경과관찰"이라고 쓰는 것과 "증상 고정, 향후 치료는 유지 요법"이라고 쓰는 것은 뉘앙스가 다르다. 실무에서는 이 한 줄이 장해 타이밍을 좌우할 때가 있다. 그래서 치료 막바지에는 의료진과의 소통이 필요하다.

지금 상태가 일시적 회복인지, 기능 제한이 남아 있는지, 업무 복귀 시 어떤 제한이 예상되는지. 그 질문이 과하지 않게, 그러나 빠지지 않게 기록으로 남아야 한다. 후유장해는 진단서 한 장으로 끝나는 것 같지만, 사실은 치료기록 전체의 결론으로 읽히는 경우가 많다.

세 번째 포인트는 재평가다. 장해는 한 번 결정되면 끝이라고 믿는 사람이 많다. 하지만 현실은 더 복잡하다. 시간이 지나며 좋아지는 장해도 있고, 반대로 시간이 지나며 악화되는 후유증도 있다. 특히 신경학적 증상이나 관절의 퇴행 진행, 수술 후 합병증, 만성 통증처럼 시간과 함께 모습이 바뀌는 경우가 있다.

그래서 "지금 판단이 최선인지"를 점검해야 한다. 다만 재평가는 감정으로 요구하면 설득력이 떨어진다. 상태 변화의 근거가 있어야 하고, 치료의 경과와 검사 결과의 변화가 연결되어야 한다. 재평가는 억울함을 다시 말하는 절차가 아니라, 변화된 사실을 다시 증명하는 절차다.

또 하나 중요한 타이밍이 있다. 합의와 장해 판단의 순서다. 너무 이른 합의는 장해의 가능성을 스스로 닫아버릴 수 있다. 당장의 치료비와 생활비가 급해서 서두르는 마음을 모르는 건 아니다. 하지만 후유장해는 시간이 지나야 윤곽이 잡히는 항목이 많다.

그래서 합의는 '치료의 끝'과 '장해의 그림'이 어느 정도 보인 뒤에 하는 편이 안전하다. 적어도 무엇이 남았는지, 남은 것이 기준에서 어떻게 읽힐지, 그 가능성을 확인한 뒤에 결산해야 공백이 줄어든다.

후유장해 판단의 타이밍을 잡는 일은 결국 삶의 속도를 다시 정하는 일이다. 치료는 몸을 회복시키고, 장해 평가는 남은 제한을 삶의 언어로 바꾼다.

그 과정에서 중요한 건 빨리 끝내는 것이 아니라, 정확히 닫는 것이다. 정확히 닫힌 사건은 길게 흔들리지 않는다. 그리고 그 안정감이야말로, 보상이 줄 수 있는 가장 현실적인 위로가 된다.

5. 합의는 마지막이 아니라 전략의 결산이다

사고를 겪은 사람들은 대개 "얼마를 받을 수 있나요?"부터 묻는다. 그런데 보상에서 진짜 어려운 건 금액이 아니다. 언제, 어떤 상태에서, 어떤 문장으로 마무리하느냐다. 합의는 끝내는 종이가 아니라, 그동안의 치료와 기록, 과실과 소득, 장해 가능성까지 한 번에 정리해버리는 결산이다.

그래서 합의를 서두르면 공백이 생긴다. 공백은 대개 나중에 비용이 된다. 치료가 길어지며 남는 통증, 늦게 드러나는 후유증, 생각보다 큰 소득 손실, 그리고 "그때 왜 이렇게 썼지" 싶은 합의서 문장 한 줄. 이 장은 합의를 협상 기술로만 보지 않는다. 합의는 순서의 문제이며, 증거와 기준이 쌓인 뒤에야 안전해진다.

무엇을 먼저 확인하고, 무엇을 끝까지 남겨야 하는지. 그리고 합의서의 문구가 내 권리를 어디까지 닫아버릴 수 있는지. 합의는 마지막이지만, 준비는 사고 직후부터 시작된다. 그 준비의 결산이 합의다.

서두른 합의가 남기는 공백: 치료와 보상의 순서

합의는 이상하게도 가장 지칠 때 찾아온다. 치료가 길어져 마음이 닳고, 회사와 가족의 일정이 흔들리고, "그냥 끝내고 싶다"는 말이 입 밖으로 나올 즈음이다. 보험사는 그때 조용히 묻는다.

"이 정도로 정리하시죠." 그 제안이 꼭 나쁘다는 뜻은 아니다.

다만 그 순간의 결론은 내 몸의 결론이 아닐 수 있다. 서두른 합의가 남기는 공백은 대부분 몸에서 시작해 생활로 번진다.

치료에는 시간이 필요하다. 특히 사고 직후에는 통증이 '진짜'인지 '과장'인지가 아니라, 염증과 부종이 가라앉고 기능이 돌아오는지 지켜보는 시간이 필요하다. 며칠, 몇 주가 지나면서 달라지는 게 있다. 처음에는 멀쩡해 보였는데 손 저림이 시작되거나, 밤에만 통증이 심해지거나, 계단을 내려갈 때 무릎이 빠지는 느낌이 생긴다.

이 변화는 마음으로 증명할 수 없다. 기록으로만 증명된다. 그런데 합의를 먼저 해버리면 기록이 멈춘다. 기록이 멈추면, 나중에 생긴 증상은 '사고와 무관'이라는 말을 듣기 쉬워진다. 공백의 첫 장면이다.

그래서 합의의 첫 번째 원칙은 단순하다. 치료의 흐름이 정리되기 전에는 결산을 서두르지 않는다. 여기서 말하는 정리는 "완치"가 아니라 "현재 상태가 어디쯤 고정되었는지"가 보이는 수준이다.

더 좋아질 여지가 있는지, 수술이나 시술이 필요한지, 물리치료로 관리되는지, 통원치료가 장기화될지. 이 판단은 하루에 나오지 않는다. 그리고 이 판단이 나오기 전의 합의는 대개 '가능성을 싼값에 팔아버리는' 형태가 된다.

두 번째 원칙은 생활과 치료의 순서를 분리하는 것이다. 많은 사람이 치료비와 합의금을 같은 돈처럼 생각한다. 그러나 치료비는 치료비의 언어로, 합의금은 손해의 언어로 계산된다. 치료비는 영수증으로 닿지만, 합의금에는 통증과 불편, 휴업손해, 향후치료 가능성, 위자료 같은 항목이 섞인다.

항목이 섞이는 순간, 어떤 돈이 무엇을 대신하는지 불명확해진다. 불명확하면 나중에 "그 돈에 이미 포함됐다"는 말이 나온다. 그래서 합의 전에 최소한 이 질문들은 정리되어야 한다.

지금까지의 치료비는 어디까지 처리되었는가. 앞으로의 치료는 어느 정도 예상되는가. 치료가 더 필요하다는 의학적 소견은 있는가. 업무 복귀는 가능한가, 가능하다면 어떤 제한이 있는가. 이 질문이 정리되면, 합의는 더 이상 기분이 아니라 구조가 된다.

세 번째 원칙은 '치료 종결'이라는 말에 속지 않는 것이다. 현실에서 치료 종결은 두 가지로 쓰인다. 하나는 정말로 회복이 되어 더 이상의 치료가 필요 없을 때다. 다른 하나는 "더 좋아질 만큼 좋아졌다"는 의미로 관리 단계로 넘어갈 때다. 이 둘은 완전히 다르다.

관리가 필요하다는 건, 남은 불편이 있다는 뜻이고, 그 불편은 어떤 사람에게는 일의 능력을 바꾼다. 합의는 그 차이를 문장으로 확인한 뒤에 해야 한다. 나는 이 단계에서 고객에게 이렇게 말하곤 한다. 통증이 사라졌냐가 아니라, 기능이 돌아왔냐를 확인하자.

잠을 깨는 통증이 사라졌는지, 계단이 가능한지, 오래 앉아도 괜찮은지, 한 손으로 물건을 들 수 있는지. 기능이 돌아오지 않았는데 합의가 먼저 끝나면, 남는 건 '내가 감당해야 할 불편'이다.

네 번째 원칙은 장해 가능성이 있는지 점검하는 것이다. 장해는 대단한 장애를 말하는 게 아니다. 사고 이후 기능 제한이 일정 수준으로 남고, 그 상태가 지속될 때 이야기되는 영역이다.

이 가능성은 치료의 끝에서야 선명해진다. 그런데 합의는 그 가능성을 닫아버릴 수 있다. "추후 발생하는 모든 문제에 대해 이의를 제기하지 않는다"는 문장은 생각보다 무겁다. 그래서 장해가 의심되는 경우에는 최소한 검사의 타이밍과 평가 계획이 정리된 뒤에 합의를 보는 편이 안전하다.

다섯 번째 원칙은 돈이 급할수록 '임시'와 '최종'을 구분하는 것이다. 생활비가 급하면 마음이 빨라진다. 그런데 그럴수록 최종 합의를 앞당기는 대신, 가능한 범위에서 치료비 처리나 일부 지급 같은 방식으로 숨을 돌리는 선택이 필요할 때가 있다. 최종 합의는 한 번 쓰면 되돌리기 어렵다. 반면 치료는 되돌릴 수 없다. 몸은 합의서에 맞춰 회복하지 않는다.

서두른 합의가 남기는 공백은 대부분 "그때는 몰랐다"에서 시작된다. 몰랐다는 건 내가 부족했다는 말이 아니라, 아직 시간이 지나지 않았다는 뜻이다. 그래서 합의는 내 몸이 '지금 어디에 있는지'가 보일 때 해야 한다. 치료의 결론이 나오고, 손해 항목이 정리되고, 남을 가능성이 점검된 뒤에야 합의는 결산이 된다. 그 순서를 지키면, 합의는 끝내는 종이가 아니라 삶을 다시 시작하게 하는 종이가 된다.

합의서는 얇지만, 그 안에 담긴 의미는 두껍다. 사람들은 합의서를 "받을 돈이 적혀 있는 종이"로 생각하지만, 실제로는 "앞으로 무엇을 주장할 수 있는지, 무엇을 포기하는지"를 정하는 문서다.

그래서 합의서에서 가장 중요한 건 금액란이 아니라 문장이다. 특히 면책, 향후치료비, 그리고 내가 가진 특약과의 충돌. 이 세 가지는 합의서 한 줄로 권리의 지도가 바뀐다.

먼저 면책 문구다. 합의서에는 보통 "본 건 사고와 관련하여 향후 민·형사상 이의를 제기하지 않는다" 같은 취지의 문장이 들어간다. 이 문장은 관계를 끝내는 문장이다. 끝내는 건 나쁠 수 없다. 다만 그 끝이 어디까지인지 정확히 알아야 한다.

내가 지금 알고 있는 손해만 정리하는 것인지, 아직 드러나지 않은 후유증까지 포함하는 것인지. 문구가 넓으면 넓을수록, 나중에 문제가 생겼을 때 내 입장은 좁아진다. 그래서 합의서의 면책은 "끝내고 싶다"는 마음으로 읽으면 안 되고, "어디까지 닫히는가"라는 질문으로 읽어야 한다.

다음은 향후치료비다. 사고가 끝났다고 치료가 끝나는 건 아니다. 특히 관절, 신경, 외상 후 통증처럼 시간과 함께 관리가 필요한 경우가 있다. 이때 향후치료비를 어떻게 다루는지가 중요해진다. 합의금에 포함시키는 방식이 있고, 일정 범위의 치료를 추가로 인정하는 방식이 있고, 특정 기간 또는 특정 항목에 대해 여지를 두는 방식이 있다.

무엇이 정답이라고 말하기 어렵다. 중요한 건 내 치료의 현실과 맞느냐다. 지금 치료가 안정적으로 끝나가고 있는지, 재활이 필요한지, 추가 검사나 수술 가능성이 남아 있는지. 의료진 소견이 "추가 치료 가능" 쪽이라면, 향후치료비는 문장으로 남겨두는 것이 안전해질 때가 많다.

반대로 경과가 좋고 기능이 회복되었다면, 넓은 여지를 남기는 것 자체가 오히려 분쟁의 씨앗이 되기도 한다. 결국 향후치료비는 돈의 문제가 아니라 가능성의 문제다. 가능성이 남아 있는데 문장이 닫히면, 그 이후는 내 몫이 된다.

그리고 특약 체크다. 여기서 많은 사람이 사고를 두 번 겪는다. 첫 번째는 사고 자체이고, 두 번째는 내가 가진 보험을 제대로 못 써서 생기는 손해다. 자동차보험만 생각하고 끝내는 경우가 많지만, 실제로는 연결된 통로가 많다.

운전자보험의 벌금·변호사선임비용·교통사고처리지원금처럼 형사적 리스크를 다루는 담보가 있을 수 있고, 상해후유장해나 입원일당, 골절진단비 같은 정액 담보가 있을 수 있다.

실손보험은 치료비 보전을 돕지만, 다른 보험에서 이미 처리된 항목과의 관계를 확인해야 한다. 그리고 자동차보험 안에서도 담보 구조가 달라진다. 내가 어떤 담보로 처리 중인지, 상대방 보험으로 정리되는지, 내 담보로 넘어오는지에 따라 이후 절차가 달라진다.

특약 체크가 합의와 연결되는 이유는 간단하다. 합의서 한 줄이 "이 사고로 인한 손해는 모두 끝났다"로 정리되는 순간, 다른 통로에서도 질문이 생길 수 있기 때문이다. 특히 후유장해는 더 그렇다.

후유장해는 진단명이 아니라 기준으로 인정되고, 그 기준은 보험사마다 요구하는 자료의 결이 다르다. 자동차 쪽 합의를 서둘러 끝내고 나면, 후유장해 쪽에서 필요한 검사나 소견을 확보할 시간과 동력이 줄어든다. 결국 한 쪽의 종결이 다른 쪽의 준비를 막는 장면이 생긴다.

그래서 합의 직전에는 최소한 이렇게 점검해야 한다. 내가 가진 보험이 무엇인지 목록을 만든다. 이번 사고에서 청구 가능한 담보가 무엇인지 구분한다. 지금 합의가 그 청구에 불리하게 작동할 문구가 있는지 확인한다. 이 과정이 복잡해 보이지만, 한 번 정리해두면 이후가 훨씬 조용해진다.

마지막으로, 합의서는 '내 말'을 남기는 문서이기도 하다. 상대가 작성한 문서를 그대로 받으면, 그 문서는 상대의 언어로만 완성된다. 그래서 필요한 경우에는 문장 하나를 조정하는 것만으로도 결과가 달라진다.

예를 들어 향후치료에 대한 처리 범위를 명확히 하거나, 특정 손해 항목이 포함되었는지 구분하거나, 아직 확정되지 않은 장해 평가에 대한 여지를 남기는 방식이다.

큰 싸움을 하자는 뜻이 아니다. "나중에 다툴 수밖에 없는 씨앗"을 지금 빼자는 뜻이다.

합의는 마지막이지만, 합의서 문장은 오래 남는다. 그 문장이 내 권리를 닫기도 하고, 내 생활을 지키기도 한다. 그래서 합의서는 서명하기 전에 한 번 더 읽어야 한다. 금액을 읽기 전에, 문장을 읽어야 한다. 내가 무엇을 끝내는지, 무엇을 남기는지. 그걸 아는 순간, 합의는 협상이 아니라 전략의 결산이 된다.

6. 당당한 청구를 위한 손해사정 로드맵

사고를 겪은 뒤 사람들은 대개 두 번 흔들린다. 한 번은 사고 그 자체로, 또 한 번은 청구 과정에서다. 치료는 병원에 가면 시작되지만, 보상은 자동으로 시작되지 않는다. 보상은 '받는 절차'가 아니라 '설명 가능한 기록'을 쌓아 가는 과정이기 때문이다.

그래서 손해사정은 어렵게 느껴지는 전문영역이 아니라, 내 사건을 한 장의 구조로 정리하는 기술에 가깝다. 과실이 쟁점인지, 소득이 쟁점인지, 장해가 쟁점인지. 이 세 가지 중 무엇이 중심인지 먼저 잡으면 불안이 줄어든다.

사람들은 종종 모든 것을 한꺼번에 해결하려다 지치고, 그 틈에서 중요한 자료가 빠진다. 반대로 프레임이 먼저 서면, 필요한 자료가 보이고 질문이 정리된다.

이 장은 그 '정리의 순서'를 안내한다. 내 사건의 핵심 쟁점을 하나의 언어로 묶고, 상담을 받을 때 어떤 자료를 가져가야 하는지, 어떤 질문을 해야 하는지, 그리고 지금까지의 흐름에서 무엇을 놓치지 말아야 하는지

당당한 청구란 무례하게 요구하는 것이 아니라, 근거를 갖고 말하는 것이다. 근거가 있으면 목소리는 자연스럽게 단단해진다. 그 단단함이 결국 보상의 결과를 바꾼다.

6. 보험청구는 순서를 아는 사람이 이긴다

보험청구 로드맵 5단계

단계별 타이밍 체크리스트

손해사정을 시작할 때 가장 먼저 하는 일은 '내 편을 드는 말'을 찾는 게 아니다. 내 사건을 설명 가능한 문장으로 바꾸는 일이다. 그리고 그 문장은 대개 세 갈래 중 하나로 정리된다. 과실, 소득, 장해. 이 세 단어는 차갑게 들리지만, 실제로는 내 삶의 어디가 흔들렸는지를 가리키는 표지판이다.

첫째는 과실이다. 사고가 났을 때 사람들이 가장 먼저 묻는 건 "누가 잘못했나요?"다. 그런데 보상에서는 이 질문이 이렇게 바뀐다. "몇 퍼센트인가요?" 과실은 감정이 아니라 비율로 움직이고, 그 비율은 곧 돈의 비율로 번역된다.

과실이 쟁점인 사건은 특징이 있다. 현장 상황이 모호하고, 진술이 엇갈리고, 블랙박스가 불리하거나 공백이 있고, 경찰 조사나 보험사 판단이 한쪽으로 기울어져 있는 경우다.

이런 사건에서 필요한 건 억울함을 크게 말하는 것이 아니라, 현장을 다시 '보이게' 만드는 자료다. 사고 직후의 사진, 차량 파손 부위, 충돌 각도, 도로 표지, 신호 주기, 목격자 진술, CCTV 동선. 과실 사건의 프레임은 결국 "내가 무엇을 했고, 상대가 무엇을 했고, 그 결과가 어떻게 발생했는지"를 시간 순서로 보여주는 데서 완성된다.

둘째는 소득이다. 사고가 생활을 흔들 때, 가장 현실적인 질문은 "내가 못 번 돈이 얼마인가"다. 그런데 이 질문은 생각보다 쉽게 답이 나오지 않는다.

특히 자영업자, 프리랜서, 플랫폼 노동자처럼 소득이 월급명세서 한 장으로 정리되지 않는 사람들은 더 그렇다. 소득이 쟁점인 사건의 특징은 이렇다. 치료는 어느 정도 정리되는데, 합의금이 기대보다 낮게 제시되거나 휴업손해 산정에서 인정 범위가 좁게 잡히는 경우다.

이때 프레임은 "사고 전의 정상적인 소득 흐름"을 입증하는 쪽으로 서야 한다. 근로자는 근로계약서, 급여명세서, 원천징수영수증이 중심이 된다. 자영업자는 매출과 비용이 함께 보이는 자료가 필요해진다.

프리랜서는 계약서, 입금 내역, 세금 신고 자료, 정기 거래처 내역이 중요해진다. 소득 사건은 결국 '내가 일하던 방식'을 숫자의 언어로 번역하는 싸움이다. 번역이 되면 인정이 되고, 번역이 안 되면 손해는 내 몫이 된다.

셋째는 장해다. 장해가 쟁점인 사건은 대개 시간이 흐른 뒤에 윤곽이 나온다. 처음에는 치료비와 위자료 정도로 끝날 것 같았는데, 통증이 남고 기능이 떨어지고 일상이 달라진다.

이때 사람들은 뒤늦게 묻는다. "이게 후유증인가요?" 장해 프레임은 감각이 아니라 기준으로 간다. 언제부터 증상이 있었는지, 어떤 검사에서 무엇이 확인되었는지, 치료 경과가 어떠했는지, 기능 제한이 얼마나 남았는지. 그리고 그 제한이 일에 어떤 영향을 주는지.

장해는 결국 의학적 설명과 생활의 설명을 동시에 요구한다. 병원 기록만으로는 부족하고, 생활만으로도 부족하다. 둘이 연결될 때 비로소 설득력이 생긴다.

이 세 가지 프레임을 잡는 방법은 단순하다. 내 사건에서 가장 큰 돈이 달라지는 변수가 무엇인지 하나만 먼저 골라본다. 과실이 10%만 달라져도 결과가 크게 바뀌는 사건인가. 소득 인정 범위가 조금만 넓어져도 보상금이 달라지는 사건인가.

장해 인정 여부가 핵심인 사건인가. 여기서 욕심을 내면 프레임이 흐려진다. 세 가지를 동시에 잡으려고 하면, 자료도 분산되고 주장도 분산된다. 반대로 하나를 중심으로 세우고 나머지를 보조로 붙이면, 사건은 더 단단해진다.

실무에서 내가 자주 쓰는 정리 방식이 있다. 사건을 세 문장으로 쓰는 것이다.

첫 문장은 사고의 구조다. 언제, 어디서, 어떤 상황에서, 어떻게 발생했는지.

둘째 문장은 피해의 구조다. 어떤 치료를 받았고, 지금 상태가 어떤지.

셋째 문장은 손해의 구조다. 일을 얼마나 쉬었고 소득이 어떻게 줄었고, 앞으로 어떤 제한이 남는지.

이 세 문장이 한 장으로 정리되면, 상담은 훨씬 빨라지고 정확해진다. 손해사정은 결국 그 한 장을 '증빙'으로 채우는 과정이다. 프레임이 있으면, 증빙은 모일 수밖에 없다.

상담부터 지급까지: 의뢰인이 준비해야 할 자료와 질문

사고를 겪은 뒤 손해사정 상담을 받을 때, 많은 의뢰인이 이렇게 말한다. "제가 뭘 준비해야 할지 모르겠어요." 그 말은 당연하다. 사람은 사고로 몸이 먼저 다치고, 그 다음에 문서를 다칠 준비가 되어 있지 않다.

하지만 보상은 문서의 언어로 움직인다. 그래서 준비는 거창한 지식이 아니라, 빠지지 않는 체크로 충분하다. 상담부터 지급까지의 흐름을 '자료'와 '질문'으로 정리해두면, 불안은 줄고 속도는 빨라진다.

먼저 상담 전 준비 자료는 크게 다섯 묶음으로 생각하면 된다.

첫째, 사고의 자료다.

사고접수번호, 사고일시·장소, 상대방 정보, 경찰 신고 여부, 사고 당시 사진, 블랙박스 원본 파일과 저장본, CCTV 위치 정보, 목격자 연락처, 현장 도면이나 약도. 과실이 쟁점이 아니더라도 이 묶음은 기본이다. 사고의 사실관계가 흔들리면, 이후 모든 항목이 흔들린다.

둘째, 치료의 자료다.

진단서, 진료비 영수증, 진료비 세부내역서, 처방전, 영상검사 결과지, 통원·입원 기록, 치료 일정표. 여기서 핵심은 "무엇을 했는지"가 한눈에 보이게 만드는 것이다. 치료 기록은 쌓이면 두꺼워지지만, 정리되지 않으면 설득력이 떨어진다.

날짜 순으로 묶고, 큰 변화가 있었던 시점을 표시해두면 좋다. 예를 들어 통증이 심해져 MRI를 찍은 날, 물리치료가 늘어난 날, 수술이나 시술을 권유받은 날 같은 지점이다.

셋째, 소득의 자료다.

근로자는 근로계약서, 급여명세서, 원천징수영수증, 통장 입금 내역이 기본이 된다. 자영업자는 사업자등록증, 매출 자료, 카드매출·현금영수증·세금계산서, 부가가치세 신고서, 종합소득세 신고서, 거래처 입금 내역이 중심이 된다.

프리랜서는 계약서, 용역대금 입금 내역, 세금 신고 자료, 정기 거래처와 작업 일정표가 도움이 된다. 소득은 "많다/적다"가 아니라 "지속적으로 벌어왔다"를 보여주는 게 중요하다.

넷째, 지출과 손해의 자료다. 통원 교통비, 간병비, 약제비, 치료로 인해 발생한 부대비용이 있다면 근거를 모아둔다. 작은 것처럼 보여도 항목이 많아지면 체감이 달라진다. 다만 무엇이든 주장하는 게 아니라, 주장 가능한 것만 남기는 감각이 필요하다.

다섯째, 보험 계약과 청구의 자료다.

자동차보험 약관 요약, 운전자보험, 상해보험, 실손보험, 회사 단체보험 등 내가 가진 보험 목록과 증권, 이미 청구한 내역과 보험사 답변. 이 묶음은 합의 단계에서 특히 중요해진다. 내 사건이 어디까지, 어떤 통로로 처리되고 있는지 알아야 중복과 누락을 막을 수 있다.

자료가 준비되면, 다음은 질문이다.

질문이 정리되지 않으면 상담은 정보만 많아지고 결론이 흐려진다. 상담 자리에서 꼭 던져야 할 질문은 생각보다 단순하다.

첫째, 내 사건의 핵심 쟁점은 무엇인가. 과실인지, 소득인지, 장해인지. 이 질문이 모든 순서를 정한다.

둘째, 내가 지금 가진 자료로 부족한 것은 무엇인가. 그리고 그 자료를 어디에서, 어떤 형태로 확보해야 하는가.

예를 들어 CCTV 확보 기한, 블랙박스 원본 보존, 병원 기록 발급, 세무 자료 출력처럼 '행동'으로 바뀌는 질문이어야 한다.

셋째, 치료는 어디까지 진행하고 어떤 시점에 정리하는 게 안전한가. 치료 종결을 언제로 볼지, 추가 검사가 필요한지, 후유장해 평가를 염두에 둔다면 어떤 타이밍이 적절한지 묻는다.

넷째, 소득 손해는 어떤 기준으로 계산될 가능성이 큰가. 내 직업 형태에 맞는 인정 방식이 무엇인지, 어떤 서류가 결정적 증빙이 되는지 확인한다.

다섯째, 합의는 언제가 적절한가. 지금 합의해도 되는 상태인지, 향후치료비나 장해 가능성을 어떻게 문장으로 남길지, 합의서에서 특히 조심해야 할 문구가 무엇인지 묻는다.

여섯째, 예상되는 진행 일정과 단계는 어떻게 되는가. 보험사 조사, 자료 보완, 의학적 자문, 손해액 산정, 합의 협의, 지급까지 어느 구간에서 시간이 걸리는지 알면 마음이 덜 흔들린다.

지급까지의 과정에서 의뢰인이 가장 많이 지치는 지점은 '기다림'이 아니라 '모름'이다. 왜 이 서류가 필요한지, 왜 금액이 이렇게 나오는지, 왜 지금 합의를 권하는지. 이유를 모르면 불안이 커지고, 불안은 서두름을 만든다. 서두름은 대개 공백을 남긴다.

당당한 청구는 목소리를 높이는 일이 아니다. 내 사건을 한 장의 구조로 정리하고, 그 구조를 자료로 채우고, 그 자료를 근거로 질문하는 일이다. 그 과정이 갖춰지면 상대의 말에 휘둘리지 않는다.

내 기준이 생기기 때문이다. 기준이 생기면 협상은 감정이 아니라 설명이 된다. 그리고 설명은 결국, 보상이라는 결과로 이어진다.

● 주요 활동
• (주) 커넥트인 대표
• (주) 밸류마크 중기이코노미 팀장
• 법인 자금 재설계 및 기업재무구조 컨설팅
• 기업연금(퇴직연금·임원연금) 및 장기자산 설계
• 가업승계·증여·상속 구조 자문
• 사내근로복지기금 및 기업복지시스템 설계
• ESG경영전략 및 지속가능성 기반 재무 컨설팅
• 금융·연금·ESG 콘텐츠 기획 및 교육
• 2016~2020 5년 연속 MDRT 달성
• 2018 서울대학교 은퇴과정 수료

출간저서로는
〈삶이 나를 흔들 때마다〉
〈홍보하지 말고 언론으로 보도하라〉
〈하루 30분 AI와 함께 말문이 트이는 기적의 영어학습법〉
〈스마트워크 스킬UP 구글웍스의 모든 것〉외 다수

윤하솜

010-2167-2995
sunny117273@gmail.com

윤하솜

"지속가능한 기업재무 전략가"

기업과 개인의 재무 의사결정을 구조적으로 설계하는 금융·연금 컨설턴트이자 ESG 경영 컨설턴트다. 법인 자금 운용, 기업 연금 구조화, 가업승계, 복지제도 설계 등 복잡한 재무 흐름 속에 감춰진 질서를 찾아내며, 단기 절세가 아닌 장기 재무 안정성과 지속가능성을 중심에 둔 전략을 제안해왔다.

현재 (주)커넥트인의 대표로서 금융·ESG·콘텐츠를 연결하는 복합 컨설팅을 수행하며, 사내복지기금과 ESG 경영을 기반으로 기업과 직원이 함께 살아남는 상생 구조를 만들고 있다.

재무 설계는 숫자 정리가 아니라, 흐트러진 흐름 속에서 질서를 발견하고 지속가능한 내일을 설계하는 일이다. 눈에 보이는 수치보다 숨어 있는 맥락과 구조를 먼저 읽는 사람. 그는 '빠른 수익'이 아니라 '흔들리지 않는 기반'을 만드는 기업재무 전략가다.

Part3. 사내복지기금과 ESG로 남는 회사

복지에서 전략까지, 기업을 설계하다_ 윤하솜

1. 흐름을 읽는 사람, 구조를 짜는 사람

기업의 재무를 처음 마주할 때, 숫자부터 믿으면 오히려 중요한 것을 놓치게 된다. 매출은 괜찮고 보고서도 단정한데, 대표의 얼굴엔 늘 피로가 남아 있는 회사가 있다. 직원들은 바쁘게 움직이는데도 조직 안에는 작은 불만이 쌓여 있다.

그럴 때 필요한 건 '더 많은 정보'가 아니라, 돈이 어디서 생겨 어디로 빠져나가며 누구에게 연결되지 못하고 있는지, 흐름을 따라가는 일이다.

상담은 종종 간단한 한 문장에서 시작된다. "분명 돈은 도는데, 왜 늘 부족하죠?" 그 질문 속에는 구조의 틈이 숨어 있다.

자금이 고여 있는 지점, 새는 지점, 필요하지만 비어 있는 지점. 그 선을 하나씩 잇다 보면 복잡하던 재무가 의외로 단순한 형태를 드러낸다.

이 장은 바로 그 순간을 담는다. 숫자 뒤에 감춰진 질서를 찾아내고, 법인과 구성원, 대표의 삶이 서로 충돌하지 않도록 연결하는 방식.

결국 재무 전략이란 절세의 기술이 아니라, 기업이 오래 버틸 수 있는 흐름을 설계하는 일이라는 믿음. 그 믿음으로 한 회사의 오늘과 내일을 다시 정렬해온 시간의 기록이다.

1. 흐름을 읽는 사람, 구조를 짜는 사람

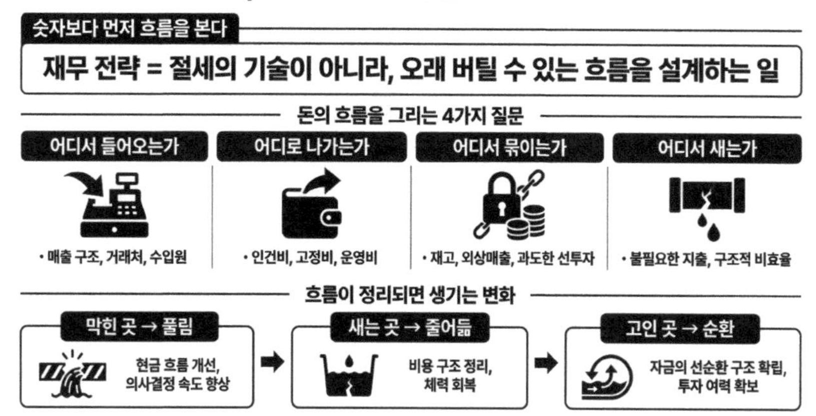

숫자보다 먼저 '흐름'을 본다

처음 상담 테이블에 앉으면, 재무제표부터 펼치지 않는다. 오히려 대표의 첫 문장을 듣는다. "매출은 괜찮은데 늘 불안해요." "통장에 돈이 있어도 마음이 편하지 않아요."

그 말이 나오면, 숫자보다 먼저 확인해야 할 것이 분명해진다. 돈이 있는지 없는지가 아니라, 돈이 어디로 흘러가고 있는지다.

기업의 재무는 종종 '좋은 숫자'로도 위험해질 수 있다. 매출이 증가해도 현금이 부족한 경우가 있다. 재고, 외상매출, 과도한 선투자, 반복되는 비용 구조가 현금 흐름을 눌러버리기 때문이다.

반대로 현금이 쌓여도 불안한 경우가 있다. '쌓이는 돈'이 성장의 근거가 아니라, 쓰지 못해 고여 있는 돈이기 때문이다. 그래서 첫 단계는 항상 흐름을 그리는 일이다.

흐름을 그린다는 건 거창한 도표를 만든다는 뜻이 아니다. 아주 단순한 질문으로 시작한다. 돈은 어디서 들어오는가. 들어온 돈은 어디로 나가는가. 회사 안에서 묶여버린 돈은 무엇인가.

그리고 새는 돈은 어디인가. 이 네 가지를 한 장에 적어보면, 기업의 상태가 놀랄 만큼 선명해진다. 숫자는 그 다음이다. 숫자는 흐름을 확인하기 위한 증거로 쓰인다.

자료도 처음부터 완벽할 필요는 없다. 최근 12개월의 계좌 흐름, 주요 거래처 매출 구조, 인건비와 고정비 목록, 기존에 가입된 퇴직연금과 보험, 복지 관련 지출 정도만 있어도 시작할 수 있다.

그 정보만으로도 "이 회사는 성장형인데 현금이 묶여 있다" "이 회사는 비용이 새고 있다" "이 회사는 대표 개인과 법인 자금이 섞여 있다" 같은 구조적 문제를 구분할 수 있다.

상담이 정보성으로만 흘러가면 차갑고, 감성만 남으면 막연해진다. 그래서 그 사이를 연결하는 언어가 필요하다. 흐름이라는 단어가 그런 역할을 한다.

어느 날 만난 한 대표는 "직원 복지를 하고 싶은데 여력이 없다"고 말했다. 그런데 흐름을 그려보니, 여력이 없는 게 아니라 여력이 흩어져 있었다.

회사가 매달 내는 비용 중 일부는 구조를 바꾸면 '복지의 재원'으로 전환될 수 있었고, 일부는 대표의 개인 지출처럼 흘러가며 회사의 체력을 약하게 만들고 있었다.

그 순간 대표의 표정이 바뀐다. "그럼 돈이 없었던 게 아니라, 길이 없었던 거네요." 이런 깨달음이 나오면, 컨설팅은 절반이 끝난다.

그 다음은 설계다. 설계는 대개 세 가지 방향으로 정리된다. 첫째, 현금이 막히는 지점을 풀어준다. 둘째, 새는 지점을 줄여준다. 셋째, 고여 있는 지점을 '순환'으로 바꿔준다. 여기서 순환이란, 법인에 도움이 되고 직원에게도 의미가 있으며 대표의 안정에도 기여하는 구조를 말한다. 단순히 비용을 줄이는 방식이 아니라, 돈이 머무는 목적을 바꾸는 방식이다.

기업은 결국 사람의 조직이다. 돈의 흐름은 사람의 흐름과 닮아 있다. 막힌 곳이 있으면, 표정이 굳는다. 새는 곳이 있으면, 조직은 지친다. 반대로 흐름이 정리되면, 이상하게 회의 시간이 줄고 결재선이 단순해진다.

숫자만으로는 설명하기 어려운 변화가 생긴다. 대표가 불안 대신 예측을 갖게 되고, 직원은 '나에게도 돌아오는 구조'가 있다는 확신을 갖는다.

그래서 이 소제목은 기술보다 태도에 가깝다. 먼저 흐름을 보는 태도. 숫자를 부정하는 게 아니라, 숫자가 말하지 못하는 것을 먼저 읽는 방식. 재무는 결국 방향의 문제이고, 방향은 흐름에서 시작된다.

상담실에서 가장 자주 듣는 문장 하나가 있다. "이제야 전체 그림이 보여요." 그 한마디가 나오면, 그 다음부터는 전략을 세울 수 있다. 그리고 전략은, 한 번 세우면 오래간다.

복잡한 재무 속에 숨어 있는 질서를 찾아서

기업의 재무가 복잡해지는 이유는 대개 두 가지다. 첫째, 시간이 쌓이면서 즉흥적인 선택들이 겹친다. 둘째, '당장 해결'이 '장기 설계'를 밀어낸다. 그래서 기업 안에는 종종 서로 다른 목적의 장치들이 동시에 존재한다.

절세를 위해 만든 구조, 직원 복지를 위해 만든 제도, 대표의 리스크를 막기 위한 보험과 연금, 투자와 예치. 각각은 좋은 의도로 시작되었지만, 연결되지 않으면 결국 복잡함이 된다.

질서를 찾는 일은 그 연결을 만드는 일이다. 어떤 제도는 법인의 재무 안정성을 높이고, 어떤 제도는 직원의 체감 만족도를 높이며, 어떤 제도는 대표 개인의 불안을 낮춘다. 문제는 그것들이 따로 움직일 때다.

법인은 절세를 했는데 직원은 체감이 없고, 직원 복지는 했는데 대표의 자산은 더 불안해지고, 대표 보호를 강화했는데 법인의 흐름이 막혀버리는 식이다. 질서는 '동시에' 좋아지는 구조를 찾는 데서 시작된다.

그래서 설계 단계에서는 질문의 깊이가 달라진다. "세금을 줄일까요?"가 아니라 "이 회사는 어떤 기업으로 남고 싶나요?"로 간다. "이번 분기 이익"이 아니라 "3년 뒤에도 이 직원들이 남아 있을 이유"를 묻는다.

여기서 ESG라는 단어가 갑자기 현실이 된다. 거창한 보고서가 아니라, 기업이 사람을 대하는 방식, 돈을 쓰는 방식, 의사결정을 하는 방식이 모두 ESG다. 결국 재무의 질서는 윤리와 전략이 만나는 지점에서 만들어진다.

질서를 만들기 위해서는 구조를 단순화해야 한다. 방법은 의외로 명확하다.

첫째, 돈의 목적을 구분한다. 운영자금, 미래자금, 복지자금, 리스크 방어 자금처럼 목적별로 통로를 나눈다.

둘째, 목적에 맞는 제도를 붙인다. 예를 들어 장기자산은 장기로, 복지는 복지로, 연금은 연금으로 제자리에 놓는다.

셋째, 그 통로들이 서로 충돌하지 않도록 연결 규칙을 만든다. 이 규칙이 바로 질서다.

사내복지기금 같은 제도는 이 지점에서 강력해진다. 단순히 좋은 제도라서가 아니라, 흩어진 자산을 하나의 방향으로 모을 수 있기 때문이다.

기업 안의 돈이 '비용'으로만 사라지는 게 아니라, 직원에게 돌아가고 기업의 안정으로 다시 돌아오는 순환을 만들 수 있다.

대표의 입장에서도 같은 논리다. 개인 자산과 법인 자산이 뒤섞여 불안이 커지기 쉬운데, 통로가 정리되면 책임과 보호의 경계가 선명해진다. 그 선명함이 곧 마음의 안정이 된다.

질서가 잡히면 기업의 말투가 달라진다. 복지는 '해주고 싶은데 못 하는 것'에서 '해야 하는 시스템'으로 바뀐다. 절세는 '아슬아슬한 기술'에서 '지속 가능한 운영 원칙'으로 바뀐다.

대표의 질문도 달라진다. "얼마 절세되나요?"에서 "우리 회사에 맞는 방식은 무엇인가요?"로 이동한다. 이 변화가 실제로 기업을 키운다. 돈이 많아서가 아니라, 돈이 쓰이는 구조가 정리되기 때문이다.

컨설팅의 마지막은 늘 같은 형태로 끝난다. 숫자로 정리한 보고서를 주면서도, 동시에 한 문장을 남긴다. 이 구조는 돈을 움직이기 위해 만든 게 아니라, 흔들리지 않기 위해 만든 것이라고.

기업은 위기 때 본질이 드러난다. 그때 버티게 해주는 건 단기 수익이 아니라 질서다.

누구에게 무엇이 돌아가고, 어떤 기준으로 의사결정하며, 어떤 방향으로 자산을 지키는지. 그 질서가 있으면, 기업은 복잡해도 무너지지 않는다.

다음 단계로 넘어가면, 이 질서를 실제 제도와 실행으로 옮기는 이야기가 나온다. 복지에서 전략까지, 결국 핵심은 하나다. 기업이 사람과 함께 오래 가기 위해, 돈이 머무는 이유를 다시 설계하는 것. 그게 '질서를 찾는 일'의 결론이다.

2. 복지에서 전략까지, 기업을 설계하다

기업을 만날 때마다 비슷한 문장을 듣는다. 매출은 나쁘지 않은데 마음이 불안하다는 말, 직원 복지는 하고 싶지만 여력이 없다는 말, 절세는 필요하지만 무엇부터 해야 할지 모르겠다는 말. 그 말들을 따라가면 결국 같은 지점에 닿는다.

돈이 없는 게 아니라, 돈이 흩어져 있고 구조가 연결되지 않았다는 것. 그래서 이 장은 한 기업 안에 흩어진 자산과 제도, 사람의 요구를 한 번에 묶어내는 방식에 관한 이야기다.

복지는 비용으로 끝나기 쉽다. 하지만 구조가 되면 전략이 된다. 사내복지기금은 그 전환을 가능하게 하는 대표적인 장치다. 고용노동부 인가를 받아 기업 안에 비영리 법인을 설립하고, 노사위원회와 운영 규정을 기반으로 복지의 기준을 세우는 과정.

절차는 결코 가볍지 않지만, 그 과정에서 기업은 스스로의 철학과 운영 질서를 갖추게 된다. 법인에는 재무의 안정성이, 직원에게는 체감되는 혜택이, 대표에게는 자산의 보호와 계획의 여지가 생긴다.

그리고 이 장의 중심에는 ESG가 있다. ESG는 멀리 있는 구호가 아니라, 돈을 어떻게 쓰고 사람을 어떻게 대하며 어떤 기준으로 의사결정을 할 것인지에 대한 현실적인 언어다.

단기 절세가 아니라 지속가능한 구조를 세우는 것. 그 구조가 기업을 오래 버티게 한다는 믿음. 이 장은 복지를 통해 기업의 방향을 다시 정렬하고, 구조를 통해 신뢰를 쌓아가는 과정의 기록이다.

2. 복지에서 전략까지, 기업을 설계하다

ESG, 지속가능성의 언어로 재무를 말하다

ESG = 돈을 어떻게 쓰고, 사람을 어떻게 대하며, 어떤 기준으로 의사결정할 것인가

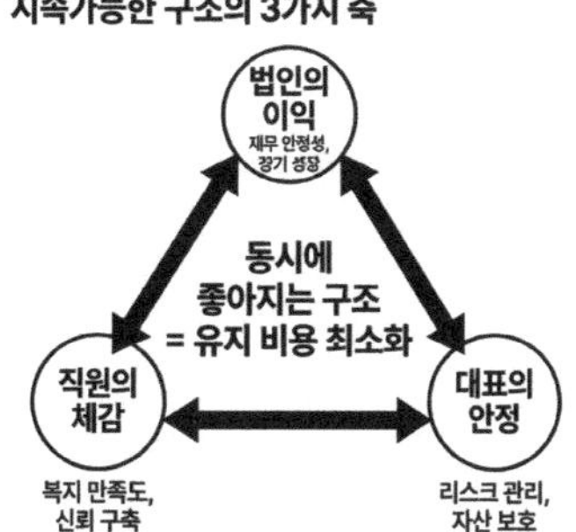

ESG, 지속가능성의 언어로 재무를 말하다

처음 ESG라는 단어를 들었을 때, 많은 대표님들은 그 말을 보고서의 언어라고 느낀다. 대기업이 평가받기 위해 쓰는 문장, 투자자를 설득하기 위해 넣는 항목, 혹은 유행처럼 지나가는 단어.

그래서 상담 자리에서도 이런 질문이 먼저 나온다. "저희 같은 회사도 해야 하나요?" 그 질문 속에는 사실 두 가지 마음이 섞여 있다. 필요는 느끼지만 어렵고, 중요하다는 건 알지만 당장 눈앞의 숫자가 더 급한 마음.

그런데 현장에서 보면 ESG는 '추가로 해야 하는 일'이 아니라 이미 하고 있는 일을 다시 정렬하는 기준에 가깝다. 환경, 사회, 지배구조를 별개의 숙제로 나누어 생각하면 멀어지지만, 재무라는 렌즈로 다시 보면 가까워진다.

기업은 매일 돈을 쓰고, 사람을 고용하고, 의사결정을 한다. 그 과정에서 어떤 기준으로 선택하느냐가 결국 ESG다. 그래서 ESG는 선언문이 아니라 습관이고, 캠페인이 아니라 구조다.

나는 ESG를 설명할 때, 거창한 정의를 먼저 말하지 않는다. 대신 한 문장으로 시작한다. 회사의 돈이 어디로 흘러가야 지속가능한가. 여기서 지속가능하다는 말은 단지 오래 버틴다는 뜻이 아니다.

사람을 지치게 하지 않고, 조직을 불안하게 만들지 않고, 시장이 바뀌어도 흔들리지 않는 방식으로 운영되는 상태를 말한다.

그리고 그 상태는 재무에서 시작된다. 돈이 어떻게 쓰이고, 어떤 비용이 반복되며, 어떤 항목이 사람을 남게 하고, 어떤 구조가 불신을 만들고, 어떤 선택이 장기 리스크를 줄이는지를 보게 된다.

상담을 하다 보면 ESG는 결국 질문의 방식이라는 걸 느끼게 된다. 예를 들어 인건비를 줄일 때도 방법은 많다. 채용을 늦추는 방법도 있고, 단기 계약을 늘리는 방법도 있고, 복지를 축소하는 방법도 있다.

그러나 그 선택이 장기적으로 조직에 어떤 흔적을 남기는지를 함께 보지 않으면, 재무는 좋아지는 듯하다가 갑자기 무너진다.

직원은 떠나고, 남은 사람은 지치고, 결국 비용은 다른 형태로 되돌아온다. ESG는 바로 그 되돌아오는 비용을 미리 읽게 해주는 언어다.

ESG가 필요한 순간은 성장할 때가 아니라, 흔들릴 때 더 선명해진다. 매출이 줄어드는 구간, 금리가 오르는 구간, 원가가 흔들리는 구간. 그때 기업은 '살아남기 위해' 선택을 한다.

그 선택이 바로 지배구조이며, 사회적 책임이며, 환경에 대한 태도다. 복지나 교육, 안전, 규정 같은 것들이 사치처럼 보이지만, 사실은 위기 때 기업을 붙잡는 접착제다.

나는 그 접착제를 감성적인 말로 포장하고 싶지 않다. 재무적으로도 명확하다고 말하고 싶다. 사람을 지키는 구조는 비용이 아니라 리스크 관리다.

기업의 의사결정이 건강하면, 재무의 표정도 달라진다. 성과가 나면 직원에게 어떻게 돌아갈지, 회사의 미래 자금은 어떤 통로로 쌓일지, 대표의 개인 리스크는 어디에서 분리될지, 투자와 지출의 기준은 무엇인지. 이런 것들이 정해져 있는 기업은 외부 충격이 와도 버틴다.

ESG는 그런 기업을 만드는 데 필요한 가장 현실적인 언어다. 그래서 나는 ESG를 '착한 일'로 설명하지 않는다. 지속가능한 기업을 만들기 위한 생존의 문법으로 설명한다.

그리고 그 문법이 자리 잡는 순간, 회사는 달라진다. 보고서가 바뀌기 전에, 결재가 바뀐다. 말투가 바뀌기 전에, 선택이 바뀐다. 그 변화는 결국 숫자로 돌아오지만, 시작은 늘 숫자가 아니다.

사람과 구조, 그리고 그 구조가 어떤 내일을 만들 것인지에 대한 질문이다. ESG는 그 질문을 가능하게 해주는 언어다. 그래서 나는 오늘도 재무를 이야기하면서, 동시에 지속가능성을 말한다. 둘은 떨어져 있지 않다. 오히려 같은 문장의 다른 단어일 뿐이다.

단기 절세보다 중요한 '지속가능한 구조'

절세는 중요하다. 세금을 줄이면 현금이 남고, 남은 현금은 투자와 운영의 여유가 된다. 그래서 기업 상담에서 절세는 언제나 빠지지 않는 주제다. 하지만 나는 절세를 목표로 두지 않는다. 절세는 결과로 따라오게 만든다.

왜냐하면 절세를 목표로 삼는 순간, 기업은 종종 단기적 해법에 매달리게 되고, 그 과정에서 구조가 더 복잡해지기 때문이다. 그리고 복잡해진 구조는 결국 유지 비용을 키운다. 절세로 아낀 돈이 다른 곳에서 새어나간다.

현장에는 이런 경우가 많다. 절세를 위해 여러 장치가 덧붙고, 상품이 쌓이고, 계약이 늘어난다. 처음엔 효과가 있었다. 그런데 시간이 지나면 그 장치들이 서로 충돌한다. 현금 흐름이 경직되고, 관리 부담이 커지고, 대표는 자신의 회사 구조를 설명하기 어려워진다.

그때의 불안은 숫자에서 오는 게 아니라, 내가 만든 구조를 내가 이해하지 못할 때 생긴다. 그래서 지속가능한 구조의 첫 조건은 단순함이다. 누구나 설명할 수 있어야 하고, 바뀌는 상황에도 유지될 수 있어야 한다.

지속가능한 구조를 설계할 때 나는 세 가지 축을 동시에 본다. 법인의 이익, 직원의 체감, 대표의 안정. 하나만 좋아지는 설계는 오래가지 않는다.

법인만 좋아지면 직원이 떠나고, 직원만 좋아지면 법인이 버티기 어렵고, 대표만 좋아지면 조직은 금방 흔들린다.

그래서 "한 번에 세 가지를 함께 가게 만드는 구조"가 필요하다. 이 말이 이상적으로 들릴 수 있지만, 현실에서는 오히려 이 방식이 더 비용이 적게 든다. 서로를 보완하는 구조는 유지가 쉽고, 의사결정이 빨라지고, 조직의 불확실성이 줄어들기 때문이다.

사내복지기금 같은 제도가 자주 언급되는 이유도 여기에 있다. 제도 자체가 마법이어서가 아니라, 구조를 정리하기 좋기 때문이다.

기업 안에 비영리 법인을 하나 더 세우고, 고용노동부 인가를 받아 운영하는 과정은 결코 가볍지 않다. 노사위원회를 구성해야 하고, 절차와 요건을 충족해야 하며, 운영 규정도 필요하다.

그런데 그 과정을 거치며 기업은 자연스럽게 질문을 하게 된다. 우리 회사의 복지는 무엇이어야 하는가. 어떤 기준으로 지원할 것인가. 자산을 어떤 목적으로 적립하고, 어떻게 집행할 것인가.

이 질문들이 정리되는 순간, 회사는 단순히 제도를 도입한 것이 아니라 '운영의 질서'를 갖게 된다.

지속가능한 구조는 결국 흐름을 만든다. 한 번의 절세는 한 해의 숫자를 바꿀 수 있지만, 구조는 다음 해의 선택을 바꾼다. 구조가 바뀌면 직원의 체감이 달라지고, 체감이 달라지면 조직의 신뢰가 달라진다.

신뢰가 생기면 이직률이 줄고, 교육 비용이 줄고, 채용 비용이 줄고, 의사 결정에 드는 시간도 줄어든다.

이런 것들은 재무제표의 한 줄로 바로 보이지 않지만, 기업을 오래 운영하는 사람들은 체감으로 먼저 안다. 회사가 부드럽게 굴러갈 때, 그건 돈이 많아서가 아니라 구조가 정리되어 있어서다.

대표의 개인 자산에 대해서도 같은 원리가 적용된다. 회사와 개인이 뒤섞이면, 절세가 아니라 위험이 커진다. 반대로 경계가 명확해지고 통로가 정리되면, 대표는 불안을 덜고 장기 계획을 세울 수 있다.

기업은 대표의 마음에 크게 영향을 받는다. 대표가 안정되면 결정이 단단해지고, 조직은 그 단단함을 따라간다. 지속가능한 구조는 결국 기업의 체력뿐 아니라 대표의 체력도 함께 설계하는 일이다.

그래서 나는 절세를 부정하지 않는다. 다만 절세를 '먼저' 세우지 않는다.

지속가능한 구조를 먼저 세우고, 그 구조가 자연스럽게 절세를 만들어내게 한다. 기업이 오래 가기 위해 필요한 건 순간의 기술이 아니라, 흔들려도 유지되는 질서다.

그 질서를 갖춘 기업은 외부 환경이 바뀌어도 방향을 잃지 않는다. 그리고 그 방향이 분명한 기업은 결국 시장에서 선택받는다.

결국 재무는 생존의 문제다. 살아남는 기업은 대단한 한 수를 가진 기업이 아니라, 오래 유지되는 구조를 가진 기업이다. 오늘의 숫자를 예쁘게 만드는 것보다, 내일의 선택을 흔들리지 않게 만드는 것. 그게 내가 말하는 지속가능한 구조다.

3. 사내복지기금, 돈의 흐름을 되돌리는 컨설팅

회사에 돈이 없어서가 아니라, 돈이 머무는 자리가 잘못되어서 힘든 기업들을 자주 만난다. 통장 잔고는 남아 있는데 대표는 늘 불안하고, 직원들은 회사의 미래를 믿지 못한 채 오늘만 버틴다. 그 사이에서 자산은 '목적지'를 잃고 대기실처럼 고여 있다.

이 장은 그 대기 자산을 제도 안으로 옮겨, 기업 안에서 다시 역할을 하게 만드는 과정을 담는다.

사내근로복지기금은 복지를 하나 더 얹는 방식이 아니라, 회사와 분리된 비영리 법인을 통해 복지의 기준과 통로를 만드는 구조다.

설립 합의부터 준비위원회 구성, 고용노동부 인가, 법인 등기, 세무서 고유번호, 계좌 개설과 출연금 납입까지 단계가 이어지며, 특히 노동부 인가는 제도의 출발점이 된다.

신청 서류와 정관, 회의록이 단단해야 하고 전문가의 손이 필요한 이유도 여기에 있다. 절차를 밟는 동안 기업은 스스로 묻게 된다.

무엇을 복지로 볼 것인지, 누구에게 어떻게 돌아가야 공정한지, 회사의 돈이 어떤 태도로 사람에게 닿아야 하는지. 그 질문이 정리되는 순간, 비용은 지출이 아니라 시스템이 되고, 복지는 복지가 아니라 기업의 전략이 된다.

3. 사내복지기금, 돈의 흐름을 되돌리는 컨설팅

기업의 자산은 어디에 머물러 있는가

상담 자리에서 가장 먼저 듣는 말은 "복지는 하고 싶은데 여력이 없다"는 문장이다. 그런데 자세히 들여다보면, 여력이 없는 게 아니라 여력이 흩어져 있는 경우가 많다. 회사는 매달 빠져나가는 돈에 익숙해져 있고, 남아 있는 돈은 '혹시 몰라서' 손대지 못한 채로 잠들어 있다.

그 잠든 돈은 안전해 보이지만, 사실은 회사의 다음 결정을 계속 늦추게 만든다. 그래서 이 장의 첫 질문은 단순하다. 이 회사의 자산은 지금 어디에 머물러 있는가.

자산이 머무는 자리는 의외로 여러 겹이다. 눈에 보이는 예금도 있지만, 외상매출처럼 '아직 들어오지 않은 돈'이 있고, 재고처럼 창고에 묶여 있는 돈이 있고, 관성처럼 빠져나가는 고정비가 있다. 대표 개인과 법인의 경계가 흐려진 곳도 자산의 정체 구간이 된다.

어떤 기업은 대표가 법인에서 필요할 때마다 가져다 쓰는 방식으로 불안을 달래고, 어떤 기업은 불안해서 쌓아두되 무엇을 위해 쌓는지 정하지 못한다. 이 둘은 겉으로는 정반대 같지만 결과는 같다. 돈이 기업 안에서 역할을 못 하고 '머문다'.

이때 필요한 건 더 큰 수익이 아니라 '자산의 지도'다. 돈이 어디에서 생기고 어디에서 멈추는지, 그 멈춤이 선택인지 방치인지부터 가려낸다. 특히 복지와 관련된 지출은 여기저기 흩어져 있는 경우가 많다.

명절 선물, 경조사, 회식, 교육비, 건강검진. 각각은 좋은 의도로 시작하지만 기준이 없으면 매년 흔들리고, 흔들리면 결국 대표의 결심이 복지가 된다. 복지가 대표의 결심이 되는 순간, 직원의 체감은 불안정해지고 회사에 대한 신뢰는 얇아진다.

얇아진 신뢰는 오래가면 비용이 된다. 떠나는 사람, 새로 채용하는 비용, 남은 사람의 피로. 장부에 바로 찍히지 않지만, 기업은 그 비용을 분명히 치른다.

그래서 자산이 머무는 자리를 바꾸는 일은 곧 신뢰의 자리를 바꾸는 일이다. 흩어진 지출을 한데 묶어 "우리는 이런 기준으로 사람을 지킨다"는 메시지로 바꾸는 것. 이때 사내근로복지기금은 하나의 해결책이 된다.

회사의 돈을 '복지라는 목적'을 가진 별도 통로로 이동시키면, 머물던 자산이 움직이기 시작한다. 그 움직임은 단순히 직원에게 무엇을 준다는 의미가 아니다. 회사가 사람에게 대하는 방식에 질서를 만든다는 뜻이다.

많은 대표님들이 여기서 다시 묻는다. "그럼 우리도 할 수 있나요?" 직원 수가 조건인지, 정규직만 대상인지, 처음부터 큰 돈이 필요한지. 그 질문들이 쌓일수록 오히려 답은 선명해진다.

핵심은 규모가 아니라 준비의 방식이다. 누가 참여해 기준을 만들고, 어떤 절차로 공정성을 세우며, 회사의 자산이 어떤 목적 아래 다시 배치될 것인지. 자산이 어디에 머물러 있는지 발견하는 순간, 다음 단계는 자연스럽게 열린다. 그 자산을 어디로 옮겨야 기업과 사람이 동시에 편해지는지, 그 설계를 시작하면 된다.

법인도, 직원도, 대표도 이익이 되는 구조

제도는 대부분 '좋아 보이는 말'로 시작하지만, 실제로는 '절차'에서 힘을 얻는당. 사내근로복지기금이 특히 그렇다. 이 제도는 회사 안의 복지를 담당하는 별도 비영리 법인을 세우는 방식으로 설계된다. 그래서 설립은 단순 신청이 아니라 단계가 이어진다.

설립 합의가 먼저 있고, 근로자 대표와 사용자 대표가 참여하는 설립준비위원회를 구성한다. 정관과 사업계획을 정리해 고용노동부에 설립 인가를 신청하고, 인가증을 받은 뒤 법인 등기를 진행한다. 그 다음 세무서에서 고유번호증을 발급받고, 기금 법인 명의 계좌를 개설해 출연금을 납입하면서 비로소 '운영 가능한 구조'가 된다.

설립 인가 민원은 처리기간이 20일로 안내되어 있고, 관련 규정에서도 접수일부터 20일 이내 처리 기준을 두고 있다. 다만 실제 현장에서는 서류 준비와 등기, 세무 절차까지 합쳐 최소 1~2개월을 잡는 편이 안전하다.

왜 이렇게까지 하느냐고 묻는다면, 답은 간단하다. 이렇게 만들어진 구조는 회사의 기분이 아니라 규정으로 굴러가기 때문이다. 복지가 시스템이 되면 '주는 사람'과 '받는 사람' 사이의 감정이 줄어든다. 대신 기준이 남는다.

기준이 남으면 분쟁이 줄고, 분쟁이 줄면 조직은 조용해진다. 조용해진 조직은 놀랍게도 생산성이 오른다. 복지의 효과는 현금 지급보다 이런 데서 더 크게 나타나는 경우가 많다.

법인의 입장에서 가장 현실적인 포인트는 세무 처리다. 국세청 유권해석에서는 근로복지기본법에 따른 사내근로복지기금에 출연하는 금품은 전액 손금에 산입한다고 안내하고 있다.

실무적으로는 출연금 납입이 비용 처리로 연결되면서 법인세 부담을 낮추는 효과를 기대하게 된다. 다만 세무 적용은 기업의 상황과 집행 방식에 따라 쟁점이 생길 수 있으니, 설계 단계에서 노무사·세무 전문가와 함께 문서와 집행 구조를 맞춰가는 것이 안전하다.

직원에게는 '체감'이 핵심이다. 복지기금이 만들어져도 체감이 없으면 제도는 종이로 끝난다. 그래서 설계는 늘 생활에 닿는 항목부터 잡는다. 건강, 교육, 경조, 생활안정. 업종과 구성원의 연령대에 따라 우선순위가 달라진다.

중요한 건 무엇을 하느냐보다, 어떤 기준으로 하느냐다. 누구는 받고 누구는 못 받는 방식으로 운영되면 현장은 금방 시끄러워진다. 복지는 사람을 모으는 장치이기도 하지만, 설계가 거칠면 사람을 갈라놓는 장치가 되기도 한다.

그래서 처음 정관과 규정을 세울 때부터 '공정하게 보이는 기준'이 아니라 '공정하게 작동하는 기준'을 만든다.

대표에게 돌아오는 이익은 숫자만이 아니다. 대표는 늘 회사의 불확실성을 몸으로 받는다. 복지기금이 만들어져 복지 지출이 체계화되면, 대표의 결정 부담이 줄어든다. 그 부담이 줄면 대표는 단기 대응이 아니라 장기 계획을 세울 여유를 갖게 된다.

또 회사와 분리된 비영리 법인 구조는 '회사 돈을 어떻게 사람에게 닿게 할 것인가'에 대한 설명 가능성을 높여준다. 투자자나 거래처, 채용 시장에서도 "우리는 이런 방식으로 구성원을 지킨다"는 메시지가 명확해진다. 결국 복지기금은 복지의 문제가 아니라 기업의 말투를 바꾸는 문제다.

마지막으로, 전문가의 도움이 왜 필수인지도 이 장에서 분명히 말하고 싶다. 설립은 노동부 인가가 전제이고, 인가를 받기 위해서는 정관, 회의록, 사업계획, 예산 등 문서가 서로 맞물려야 한다. 이후 등기와 세무 절차까지 이어지기 때문에 노무사와 법무사 등 실무 전문가의 도움이 필요해진다.

결국 이 구조가 지향하는 한 문장은 이것이다. 회사는 살아남아야 하고, 직원은 남아야 하며, 대표는 버텨야 한다. 그 셋이 동시에 가능한 설계를 만들 때, 복지는 비용을 넘어 전략이 된다. 그리고 그 전략은 '제도 도입'이 아니라 '운영 가능한 구조'로 완성된다.

4. 개요 복지기금의 설계, 실행 그리고 변화

제도는 종이에 적힐 때보다, 실제로 굴러가기 시작할 때 진짜 얼굴을 드러낸다. 사내근로복지기금도 마찬가지다. 복지의 필요성에 모두 고개를 끄덕여도, 막상 준비에 들어가면 분위기가 달라진다.

누가 대표로 서류를 만들지, 어떤 기준으로 혜택을 설계할지, 노사 간 합의는 어디까지 가능한지, 운영은 누가 책임질지. 결국 설계는 문장으로 시작하지만, 실행은 역할과 일정, 그리고 작은 결단들의 연속으로 완성된다.

4장은 그 실제를 담는다. 고용노동부 인가 단계에서 무엇이 중요하게 다뤄지는지, 비영리법인으로 분리되었을 때 회사 내부의 의사결정은 어떻게 바뀌는지. 그리고 무엇보다, 제도가 만들어진 뒤 기업이 어떻게 달라지는지. 변화는 거창한 슬로건에서 오지 않는다.

첫 번째 복지사업이 집행되고, 직원이 체감하고, 운영의 기준이 반복되면서 조용히 쌓인다. 이 장은 그 조용한 변화가 회사의 공기와 선택을 어떻게 바꾸는지, 한 기업의 사례를 통해 보여준다.

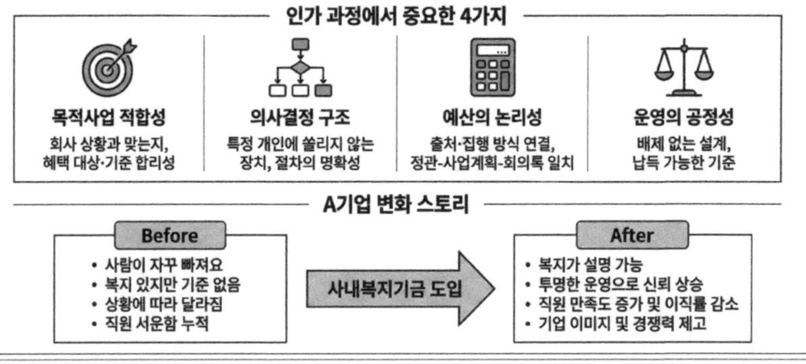

고용노동부 인가와 비영리법인 설립의 실제

처음 준비가 시작되면, 회사는 갑자기 낯선 언어를 쓰게 된다. 정관, 준비위원회, 회의록, 사업계획. 평소엔 매출과 원가, 채용과 납기만 말하던 조직이 "우리는 어떤 복지를, 어떤 기준으로, 어떤 절차로 운영할 것인가"를 말하기 시작한다. 이때부터 복지는 선의가 아니라 설계가 된다.

인가 과정에서 중요한 건 '멋진 표현'이 아니다. 오히려 단단한 구조다. 목적사업이 회사의 상황과 맞는지, 혜택의 대상과 기준이 합리적인지, 의사결정이 특정 개인의 판단에 쏠리지 않도록 장치가 있는지, 예산의 출처와 집행 방식이 논리적으로 이어지는지. 문서 사이의 연결이 끊기면 심사는 어렵다.

정관에는 원칙이 있고, 사업계획에는 실행이 있고, 회의록에는 합의의 흔적이 있어야 한다. 셋이 같은 방향을 가리킬 때 인가 단계는 훨씬 수월해진다.

현장에서 자주 만나는 실수는 "회사 내부 규정을 그대로 옮겨 적는 것"이다. 복지제도를 하던 경험을 그대로 가져오면 빠를 것 같지만, 기금은 회사와 분리된 비영리법인이다. 같은 문장이라도 의미가 달라진다.

예를 들어 누가 결정권자인지, 예산이 어떤 절차로 확정되는지, 변경 시 어떻게 의결하는지가 명확해야 한다. 또 복지 항목을 나열하면서도 왜 그 항목이 필요한지, 어떤 기준으로 운영할지, 예산은 어느 수준에서 어떤 순서로 배분할지가 빠져 있는 경우가 많다.

결국 인가 과정은 문서 심사이기 이전에, 기업이 스스로의 운영 원칙을 정리하는 과정이다.운영의 공정성도 중요하게 다뤄진다. 혜택의 설계가 누군가를 배제하거나, 특정 집단에만 과도하게 기울어 보이면 이후에 내부 갈등으로 이어질 가능성이 커진다.

그래서 설계 단계부터 '누가 더 많이 받느냐'가 아니라 '어떤 기준이면 납득 가능한가'를 먼저 잡는다. 기준이 납득되면 현장은 조용해진다. 반대로 기준이 흔들리면, 복지는 좋은 의도에도 불구하고 불만의 언어가 된다.

비영리법인으로 분리된 뒤에는 또 다른 현실이 기다린다. 이제부터는 서류로 만든 제도를 실제로 운영해야 한다. 예산 집행 기록이 남고, 의결의 절차가 반복된다.

누가 담당하고 누가 결재하는지, 직원 문의는 어디로 모이고 어떤 방식으로 답변할지까지 정해야 한다. 이 단계에서 전문가의 역할이 커진다. 노무 영역은 합의 구조와 운영의 적합성을, 법무 영역은 법인 체계의 정합성을, 세무 영역은 집행의 기록과 처리를 점검한다.

결국 제도는 한 번 만들고 끝나는 일이 아니라, 운영을 견딜 수 있도록 체력을 갖추는 일이다.그래서 인가를 목표로만 두면 아쉬움이 남는다. 중요한 건 인가증을 받는 날이 아니라, 다음 달에 첫 집행이 가능한가, 반년 뒤에도 같은 기준으로 운영되는가, 1년 뒤에도 직원들이 이 제도를 신뢰하는가다.

설계는 종이 위에서 완성되는 게 아니라, 반복되는 운영 속에서 신뢰로 굳어진다.

A기업 이야기 복지가 만든 실질적 변화

A기업은 성장 속도가 빨랐다. 일정은 늘 촉박했고, 대표는 결정을 빠르게 내렸다. 겉으로 보기엔 힘이 있는 회사였다. 그런데 상담을 시작하자마자 한 문장이 나왔다. "사람이 자꾸 빠져요." 급여가 낮은 편도 아니었고, 복지가 전혀 없는 회사도 아니었다. 다만 회사가 직원에게 무엇을 약속하는지, 그 약속이 어떤 기준으로 지켜지는지 아무도 설명하지 못했다.

복지는 있었다. 명절엔 선물이 나갔고, 회식도 가끔 했다. 필요하면 교육비도 지원했다. 문제는 그 모든 것이 '상황'에 따라 달라졌다는 점이었다. 그 해 실적이 좋으면 넉넉했고, 바쁘면 생략됐다. 팀마다 달랐고, 관리자마다 달랐다.

직원들은 복지를 받으면서도 마음 한구석이 불편했다. 누군가는 "받아서 고맙다"보다 "이번엔 왜 나는 없지"를 먼저 떠올렸다. 대표도 지쳤다. 매번 결정해야 했고, 결정할 때마다 누군가가 서운해했다.

여기서 방향은 명확해졌다. 더 많은 복지가 아니라, 복지를 운영하는 방식이 필요했다. 기준을 만들고, 그 기준을 반복하는 시스템. A기업의 선택은 사내근로복지기금을 통해 복지의 통로를 분리하는 것이었다.

회사의 일상 운영과 복지 운영이 뒤섞이면, 복지는 늘 후순위가 된다. 별도의 체계로 분리되면 복지는 '남는 돈으로 하는 것'이 아니라 '정해진 방식으로 하는 것'이 된다.

설계는 화려하게 시작하지 않았다. 직원들이 가장 필요로 하는 항목을 먼저 정리했다. 건강검진의 범위를 현실적으로 조정했고, 교육 지원은 직무와 성장에 연결되는 기준을 만들었다. 경조 지원은 불필요한 눈치를 덜어내는 방향으로 정리했다.

그리고 가장 중요한 변화는 '공지 방식'이었다. 누가 받을 수 있는지, 어떻게 신청하는지, 어떤 절차로 지급되는지. 이런 정보가 투명해지자 현장의 소음이 줄었다. 복지가 커졌기 때문이 아니라, 복지가 설명 가능해졌기 때문이다.

몇 달이 지나자 이상한 변화가 먼저 나타났다. 직원들이 복지 문의를 예전처럼 개인적으로 하지 않았다. "이건 가능한가요" 대신 "규정에 따르면 이렇게 되는 게 맞죠"라는 질문이 늘었다.

회사의 언어가 바뀐 것이다. 그 언어 변화는 신뢰의 신호였다. 무엇이든 대표의 결심으로 움직이던 회사가, 기준으로 움직이기 시작했다는 뜻이었다.

1년쯤 지난 뒤 대표가 말한 변화는 더 현실적이었다. 채용이 조금 쉬워졌다는 것. 면접에서 회사의 복지 체계를 설명할 수 있게 되자 지원자들의 질문이 달라졌고, 입사 후에도 기대치가 안정되었다.

내부적으로는 이직으로 생기던 공백이 줄면서 인수인계 비용이 낮아졌다. 관리자들은 "누구에게 더 줄까"를 고민하는 시간이 줄었고, 대신 "어떤 복지가 우리 조직을 오래가게 할까"를 이야기하기 시작했다. 복지가 비용의 영역에서 운영의 영역으로 이동한 것이다.

직원들의 반응은 더 조용했다. 누가 대놓고 감탄하지는 않았다. 대신 작은 문장이 들렸다. "이 회사는 적어도 기준이 있네." "갑자기 없어지진 않겠네." 그 조용한 문장들이 쌓이면 조직은 달라진다.

회사가 사람을 붙잡는 방식은 종종 급여보다 이런 예측 가능성에서 만들어진다.

A기업에서 가장 큰 변화는 숫자보다 분위기였다. 대표는 복지 결정을 혼자 떠안지 않게 되었고, 직원들은 복지를 눈치로 받지 않게 되었다. 회사는 복지를 통해 성장한 것이 아니라, 복지를 운영하는 방식이 정리되면서 성장의 마찰이 줄었다.

빠르게 커지는 기업일수록 시스템이 필요하다. 그리고 그 시스템은 거창한 구호가 아니라, 매번 같은 기준으로 실행되는 작은 반복에서 시작된다.

이 장에서 말하고 싶은 결론은 단순하다. 복지기금은 만들었다고 끝나지 않는다. 실제로 운영되면서 회사의 언어를 바꾸고, 언어가 바뀌면서 관계를 바꾸고, 관계가 바뀌면서 조직의 체력을 바꾼다.

변화는 복지의 크기에서 오지 않는다. 복지가 작동하는 방식에서 온다.

5. 복지에서 철학으로, 구조에서 브랜드로

제도가 자리를 잡으면 그다음부터는 숫자보다 문장이 먼저 바뀐다. 직원들에게 "지원해준다"라는 말 대신 "우리는 이렇게 운영한다"라는 말이 생기고, 대표의 머릿속에는 "올해는 얼마나 줄까"가 아니라 "이 회사는 무엇을 지키는가"가 남는다.

복지는 그때부터 비용이 아니라 기업이 스스로를 설명하는 방식이 된다. 회사가 어떤 태도로 사람을 대하는지, 어떤 기준으로 성장하려 하는지, 어떤 약속을 반복할 수 있는지. 복지기금은 그 약속을 한 번의 이벤트가 아니라 시스템으로 만들며, 그 시스템은 결국 기업의 메시지가 된다.

이 장은 복지의 효과를 숫자로 증명하려 하지 않는다. 대신 복지가 기업의 철학으로 변해가는 순간을 다룬다. 복지가 자리 잡으면 조직 문화의 결이 달라지고, 그 결은 채용, 거래, 브랜드 신뢰로 이어진다.

또한 ESG는 보고서의 표기가 아니라 일상 운영의 기준으로 내려와야 한다는 점을 분명히 한다. 환경과 사회, 지배구조는 결국 사람과 연결되는 선택의 문제이고, 그 선택이 반복될 때 기업은 외부에 자신만의 정체성을 드러낸다.

복지에서 철학으로, 구조에서 브랜드로. 이 장은 그 변환을 마무리하는 이야기다.

5. 복지에서 철학으로, 구조에서 브랜드로
복지기금은 단지 비용이 아닌 기업의 메시지

복지를 의지가 아니라 기준으로 만든다 = 태도의 일관성이 신뢰를 만든다

복지기금이 메시지가 되는 4가지 경로

내부 신뢰	채용 경쟁력	거래 신뢰	조직 안정
• 반복되는 복지 집행 • 기준의 명확성 • 흔들리지 않는 회사	• 운영 방식으로 설명 가능 • 회사 성숙도 평가 • 지원자 신뢰 확보	• 공급망 관리 기준 • 제도 운영 능력 증명 • 말보다 강한 증거	• 위기 때 버티는 힘 • 이직률 감소 • 장기 체력 향상

ESG 기반 경영, 그 중심에 사람을 놓다

환경(E)
• 에너지·폐기물·구매 방식 ← 사람 중심 → 지배구조(G)
(투명성·이사회 구성·책임 경영)

사회(S)
• 고용·안전

기업이 무언가를 한다고 말하는 건 쉽다. 문제는 그 말을 얼마나 오래 지킬 수 있느냐이다. 일회성 복지는 언제든 멈출 수 있고, 멈추는 순간 기억은 빠르게 바뀐다. "해주던 것도 안 해준다"라는 말이 남는다.

그래서 복지는 늘 양날의 칼이다. 잘하면 신뢰가 되지만, 방식이 흔들리면 불신이 된다. 이 지점에서 복지기금이 갖는 의미는 단순하다. 복지를 '의지'가 아니라 '기준'으로 만든다는 것.

기준이 생기면 기업은 말을 덜 하게 된다. 대신 행동이 반복된다. 매년 비슷한 시기에 비슷한 방식으로, 같은 절차로 집행되는 복지. 직원들은 그 반복 속에서 회사의 태도를 읽는다.

결국 사람은 혜택의 크기보다 태도의 일관성에 더 오래 반응한다. "우리 회사는 갑자기 바뀌지 않겠구나"라는 느낌. 그 느낌이 쌓이면 복지는 비용이 아니라 조직의 안정장치가 된다.

이때 복지기금은 외부로도 메시지가 된다. 기업이 어떤 회사인지 보여주는 신호가 된다. 채용 시장에서는 더욱 그렇다. 복지를 묻는 질문은 사실 '지원 항목'이 아니라 '회사의 운영 방식'을 묻는 질문이다.

지원자가 궁금한 건 "얼마를 주나요"보다 "이 회사는 사람을 어떻게 대하나요"다. 복지기금이라는 구조가 있으면, 회사는 감성적인 말 대신 체계로 설명할 수 있다. 정해진 절차와 기준이 있다는 사실 하나만으로도 지원자는 회사의 성숙도를 평가한다.

거래처와의 관계에서도 마찬가지다. 요즘은 가격과 납기만으로 계약이 결정되지 않는다. 공급망 관리, 윤리, 안전, 인권, 준법 같은 항목이 점점 더 중요해지고 있다. 중소기업이라고 예외가 아니다.

오히려 중소기업일수록 "어떤 기준으로 운영되는가"가 신뢰를 만든다. 복지기금은 단지 복지 항목을 만들었다는 표시가 아니라, 회사가 제도 운영을 견딜 수 있는 내부 질서를 갖췄다는 증거가 된다. 그 증거는 말보다 강하다.

내부적으로는 또 다른 메시지가 생긴다. 회사가 구성원에게 보내는 메시지다. "성과를 내면 보상한다"는 문장은 흔하지만, "우리는 삶을 지탱한다"는 문장은 기업의 태도를 드러낸다. 복지가 제도화되면 이 메시지는 과장 없이 전달된다.

생활에 닿는 지원이 반복되면, 직원은 회사가 단지 일을 시키는 곳이 아니라 삶을 함께 설계하는 곳이라고 느낀다. 그 감각이 생기면 조직은 한 번 더 버틴다. 위기 때도, 바쁠 때도, 사람은 자신을 존중해준 곳을 쉽게 떠나지 않는다.

복지기금은 결국 기업의 커뮤니케이션 방식이다. 홈페이지의 문구나 홍보 영상보다 더 강한 문장. 복지의 운영 기준과 실행 기록이 기업의 말을 대신한다. 그래서 복지기금의 본질은 "무엇을 주느냐"가 아니라 "어떤 약속을 반복하느냐"에 있다.

비용은 한 번 쓰고 끝나지만, 메시지는 반복될 때 브랜드가 된다. 그리고 브랜드란 결국, 사람들이 그 기업을 어떤 경험으로 기억하느냐의 문제다.

ESG 기반 경영, 그 중심에 사람을 놓다

ESG가 유행처럼 보일 때, 많은 기업은 ESG를 '추가 업무'로 받아들인다. 체크리스트를 만들고, 보고서용 문장을 만들고, 증빙을 모으려 한다. 하지만 그렇게 시작하면 오래가기 어렵다.

ESG는 장식이 아니라 운영의 원리이기 때문이다. 그리고 그 원리를 이해하는 가장 쉬운 방법은 단순하다. 사람을 중심에 두는지, 두지 않는지. ESG의 수많은 항목은 결국 이 질문으로 수렴한다.

환경은 멀리 있는 이야기가 아니다. 회사의 에너지 사용, 폐기물 처리, 구매 방식 같은 일상의 선택이다. 사회는 더 직접적이다. 고용 형태, 안전, 교육, 복지, 차별과 공정성 같은 문제다.

지배구조는 의사결정의 질서다. 누가 결정하고, 어떤 기준으로 결정하며, 문제가 생겼을 때 어떻게 책임지는가. 이 세 가지는 따로 놀지 않는다. 사람을 중심에 놓으면 자연스럽게 연결된다. 사람을 중심에 놓지 않으면 아무리 문서를 잘 만들어도 현장에서 금방 드러난다.

여기서 복지기금이 중요한 이유는 ESG를 '현장 언어'로 바꾸기 때문이다. ESG를 설명할 때 가장 어려운 점은 추상성이다. "지속가능성"은 좋은 말이지만, 직원의 하루에는 바로 닿지 않는다.

그러나 복지기금은 닿는다. 생활비 지원, 건강관리, 교육, 안전, 가족 지원 같은 항목은 사람의 하루에 닿는다. 그리고 그 닿음은 기업의 ESG를 말이 아니라 경험으로 만든다. 경험이 쌓이면 문화가 되고, 문화가 쌓이면 브랜드가 된다.

또 하나 중요한 건 공정성이다. ESG는 선의로만 유지되지 않는다. 공정성이라는 설계가 있어야 오래 간다. 누구에게 어떤 기준으로 돌아가는지, 판단이 왜 그렇게 내려지는지, 절차가 어떻게 작동하는지. 기준이 공개되고 반복될 때 공정성은 체감이 된다.

공정성이 체감되면 조직은 조용해진다. 조용해진 조직은 이상하게도 성과가 난다. 불필요한 오해가 줄고, 쓸데없는 감정 소모가 줄고, 사람들은 일에 집중하게 된다. ESG는 이렇게 성과와 연결된다. 윤리와 생존이 분리되지 않는 이유다.

기업의 생존은 결국 사람의 잔존과 연결된다. 사람이 남아야 기술이 남고, 기술이 남아야 품질이 남고, 품질이 남아야 거래가 남는다. ESG는 이 연결을 끊지 않기 위한 경영 방식이다. 그래서 나는 ESG를 '착한 기업'으로 설명하지 않는다.

'오래가는 기업'으로 설명한다. 오래가는 기업은 위기 때도 기준이 무너지지 않는다. 단기 비용 절감이 필요할 때도 사람을 함부로 다루지 않고, 성장이 필요할 때도 과속하지 않으며, 의사결정이 필요할 때도 책임을 분산시키지 않는다.

이런 태도는 결국 숫자로도 돌아온다. 채용 비용, 이직 비용, 사고 비용, 분쟁 비용 같은 것들이 줄어든다. 그리고 그 줄어듦은 기업의 체력을 키운다.

이 장의 결론은 분명하다. ESG는 기업의 미래를 위한 언어이고, 그 언어의 중심에는 사람이 있다. 사람을 중심에 놓는다는 건 감성적인 선언이 아니라 구조적 선택이다.

어떤 제도를 만들고 어떤 기준으로 운영하며 어떤 결정을 반복할 것인가. 그 선택이 쌓이면 기업은 스스로를 설명하지 않아도 된다. 직원이, 거래처가, 시장이 먼저 그 기업의 정체성을 말해준다. 복지에서 철학으로, 구조에서 브랜드로. 결국 기업이 오래 남는 방식은 거기에 있다.

6. 개요 복지로 설계한 지속가능성

지방에서 기술로 먹고사는 회사들은 늘 같은 질문을 품고 있다. 사람을 어떻게 남게 할 것인가. 그런데 기술이라는 단어가 같아도, 사람의 삶은 같지 않다. 책상 앞에서 도면과 기준을 붙잡고 성장하는 사람이 있는가 하면, 바깥에서 몸으로 시간을 버티며 현장을 지키는 사람도 있다.

같은 업계, 같은 기술이라는 말이 그들을 한 줄로 묶어버리지만, 실제로 회사를 붙잡는 힘은 서로 다른 곳에서 나온다. 누군가는 배움의 길이 끊기지 않아야 남고, 누군가는 오늘의 생활이 무너지지 않아야 남는다. 이 장은 그 차이를 있는 그대로 바라보는 데서 시작한다.

교육 지원을 중심으로 인재를 키워온 설계사무소의 이야기와, 주거비 지원을 통해 현장직의 이탈을 막아온 시공사의 이야기는 결국 같은 결론으로 모인다.

복지는 더 주는 일이 아니라, 남게 만드는 방식이라는 것. 지방에서 지속 가능하다는 말은 거창한 구호가 아니라, 한 사람의 커리어와 한 가정의 생활 이 흔들리지 않도록 받쳐주는 구조로 증명된다.

복지가 기업의 체력을 만들고, 그 체력이 지역의 산업을 지탱하는 방식. 이 장은 그 연결을 보여준다.

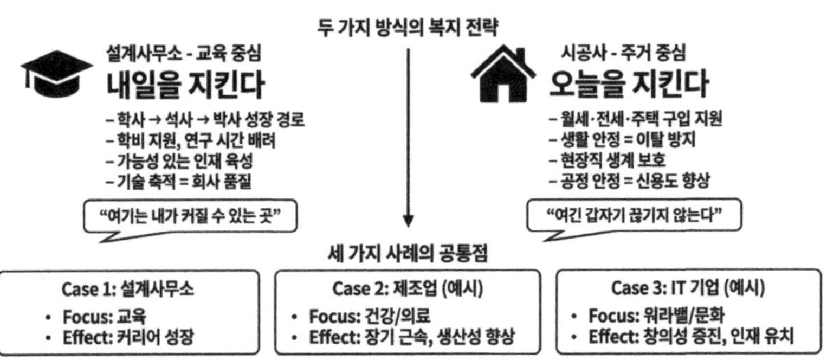

기술 기반 회사들은 사람으로 버틴다. 장비가 아니라 사람, 공정이 아니라 사람, 보고서보다 사람. 그 사실을 알면서도 지방에 있는 기업들은 더 자주 흔들린다.

수도권처럼 선택지가 많지 않아서가 아니라, 선택지가 적기 때문에 한 번 떠난 사람이 남기는 공백이 더 크게 느껴지기 때문이다. 그래서 지방 기업의 고민은 늘 구체적이다.

사람을 뽑는 것보다 사람을 남게 하는 것. 남게 한다는 말은 감성적으로 들리지만, 현실에서는 아주 생활적인 문제로 다가온다.

비슷한 시기에 나는 두 곳의 대표를 만났다. 업종은 비슷해 보였다. 둘 다 건축 분야였고, 둘 다 기술이 핵심이라고 말했다. 그런데 이야기를 조금만 더 듣고 나면 그 둘은 완전히 다른 회사를 살고 있었다.

한 곳은 설계사무소였다. 하루 종일 도면과 법규를 붙잡고, 수정과 검토를 반복하며 완성도를 쌓는 사람들이 있는 곳. 다른 한 곳은 시공사였다. 현장에서 몸으로 시간을 버티고, 위험과 날씨를 견디며 공정을 완수하는 사람들이 있는 곳. 둘 다 기술이지만, 기술이 쌓이는 방식이 달랐다. 그래서 사람을 남게 하는 방법도 달라질 수밖에 없었다.

설계사무소의 대표는 처음부터 교육을 말했다. 직원 수가 70명이 넘는 조직이었고, 지방이라는 조건 때문에 '완성된 인재'를 데려오는 것보다 '가능성이 있는 인재'를 키우는 게 더 현실적이라고 판단했다.

학사로 들어온 직원이 석사, 박사까지 이어가며 전문성을 갖추도록 길을 열어주는 것. 그게 회사가 품질을 유지하는 방식이었다. 대표는 직원 한 명 한 명에게 시간을 썼다.

학비를 지원하고, 연구 시간을 배려하고, 장기적으로 성장할 수 있는 루트를 설계했다. 사람을 키워 회사의 미래를 확보하는 방법이었다.

이런 조직에서 사람들은 돈만 보고 움직이지 않는다. 물론 급여도 중요하지만, 그보다 더 크게 작동하는 건 커리어의 방향이다. 내가 이 회사에서 몇 년을 버티면 어떤 사람이 될 수 있는가. 내가 여기서 성장할 수 있는가. 그 질문에 답을 줄 수 있는 회사는 지방에서도 사람을 남게 만든다.

대표는 그 답을 '교육'으로 만들고 싶어 했다. 교육은 즉각적인 체감보다 시간이 필요하다. 그래서 더 어렵다. 눈앞의 성과로 설명하기 어렵고, 도중에 끊기면 더 큰 실망으로 남는다. 그럼에도 대표가 교육을 붙잡은 이유는 단순했다. 기술은 한 번에 사오는 게 아니라, 축적되는 것이기 때문이다.

반대로 시공사의 대표는 교육 이야기를 거의 하지 않았다. 대신 월세, 전세, 주택 구입을 말했다. 현장직이 많은 회사였고, 기본급이 낮게 책정될 수밖에 없는 직원들이 많았다.

구조적으로 그렇다고 했다. 기술은 있지만, 임금 구조는 빠르게 바뀌기 어렵고, 인건비 비중이 큰 업종이다 보니 조금만 더 얹어도 회사의 부담이 급격히 커진다고 말했다. 대표가 가장 두려워한 건 이탈이었다.

현장직 인력이 빠지면 공정이 흔들린다. 공정이 흔들리면 납기가 흔들린다. 납기가 흔들리면 신용이 흔들린다. 이 업종에서 신용이 흔들리는 건 곧 다음 계약이 흔들리는 일이다.

그래서 그 대표는 주거비를 이야기했다. 생활이 무너지면 사람은 떠난다. 특히 월세와 전세, 주택 구입 같은 큰돈이 필요한 순간에는 더 그렇다. 현장직은 마음이 약해서 떠나는 게 아니라, 생활이 먼저이기 때문에 떠난다.

대표는 그걸 알고 있었고, 알고 있다는 것만으로는 아무것도 바뀌지 않는다는 것도 알고 있었다. 지원을 하고 싶어도 회사가 큰 지출을 할 때마다 부담이 생기고, 세금 문제까지 얽히면 마음이 실행으로 이어지지 못했다. 하고 싶은데 못 하는 복지. 대표의 마음이 회사의 구조 앞에서 멈추는 지점이었다.

두 회사를 나란히 놓고 보면, 복지의 목적이 다르다. 설계사무소는 성장의 사다리를 만들고 싶어 한다. 시공사는 생활의 바닥을 받치고 싶어 한다. 한쪽은 커리어를 지키고, 다른 쪽은 생계를 지킨다. 하지만 더 깊이 들어가 보면 둘의 목적은 사실 같다. 사람을 남게 하려는 것이다.

남게 한다는 말은 결국, 이 회사에서의 시간이 손해가 아니라는 확신을 주는 일이다. 그리고 그 확신은 방식이 다를 뿐 결국 '회사가 사람의 삶을 어떻게 바라보는가'로 연결된다.

이 지점에서 기업이 흔히 놓치는 게 있다. 복지를 '좋은 마음'으로만 이해하는 순간, 복지는 늘 흔들린다. 반대로 복지를 '경쟁력의 설계'로 이해하면 복지는 오래간다.

설계사무소에서 교육은 한 사람의 미래를 붙잡는 장치가 되고, 시공사에서 주거 지원은 한 가정의 오늘을 붙잡는 장치가 된다. 이 두 장치는 서로 다른 것처럼 보이지만, 회사가 지속가능해지는 방식이라는 점에서 닮아 있다.

지방에서 지속가능하다는 말은 수치가 아니다. 사람의 선택이다. 서울로 옮길 수도 있는 사람이 남는 선택, 조금 더 주는 곳으로 갈 수도 있는 사람이 남는 선택. 그 선택을 만드는 건 회사가 던지는 신호다.

이 회사는 나를 '잠깐 쓰는 사람'으로 보는가, '함께 쌓는 사람'으로 보는가. 신호가 선명하면, 사람은 남는다. 신호가 흐리면, 사람은 떠난다. 그래서 복지는 결국 신호의 문제다.

설계사무소의 대표는 "좋은 직원이 오기만 기다릴 수 없다"고 했다. 그래서 교육으로 사람을 만들었다. 시공사의 대표는 "좋은 현장직은 급여만으로 붙잡히지 않는다"고 했다. 그래서 주거 안정으로 삶을 붙잡고 싶어 했다.

서로 다른 말처럼 들리지만, 둘 다 같은 방향을 보고 있었다. 지방에서 기술을 남기려면, 기술자들이 남아야 한다는 것. 기술자들이 남으려면, 그들의 삶이 남을 수 있어야 한다는 것.

이 장에서 말하고 싶은 건 하나다. 교육과 주거는 복지 항목이 아니라, '남는 회사'를 만드는 두 개의 언어다. 교육은 내일을 말하고, 주거는 오늘을 말한다. 내일과 오늘이 동시에 지켜질 때 사람은 회사에 시간을 맡긴다.

그리고 그 시간이 쌓이면 기업의 품질과 신뢰가 된다. 지방에서 지속가능성이란 거창한 표어가 아니라, 사람을 남게 만드는 아주 구체적인 선택의 합이다. 그 선택을 가능하게 하는 구조를 가진 회사들이 늘어날수록, 지방에도 커리어가 생기고 산업이 남는다.

결국 복지는 회사 안에서 끝나지 않는다. 지역의 미래를 조용히 바꾼다.

세 가지 사례가 말해주는 것: 복지가 신뢰가 되는 순간

복지를 이야기하다 보면 늘 같은 질문으로 돌아온다. "얼마나 해줄 수 있나요?" 그런데 현장에서 복지가 진짜 힘을 발휘하는 순간은 그 질문이 바뀔 때다. "우리는 어떤 방식으로 지킬 수 있나요?" 금액은 언제든 바뀐다.

경기는 오르고 내리고, 업황은 흔들리고, 회사의 체력도 매년 달라진다. 하지만 방식이 정해지면, 회사는 흔들려도 무너지지 않는다. 신뢰는 금액이 아니라 방식에서 만들어진다. 세 가지 사례가 공통으로 보여준 것도 바로 그 지점이었다.

첫 번째 사례는 설계사무소였다. 대표는 처음부터 사람을 '완성품'으로 보지 않았다. 지방이라는 조건 속에서 더 현실적인 선택은, 가능성이 있는 인재를 붙잡고 키우는 일이었다. 그래서 학사로 들어온 직원이 석사, 박사까지 이어갈 수 있도록 길을 만들어왔다.

이 회사의 복지는 선물처럼 툭 떨어지는 혜택이 아니었다. 시간이 걸리고, 중간에 흔들리기도 하고, 성과로 바로 환산되지 않는 지원이었다. 그럼에도 대표가 교육을 놓지 않았던 이유는 분명했다. 기술은 단기간에 복제되지 않기 때문이다. 사람의 성장으로 쌓이는 기술은, 결국 회사의 품질이 된다.

이 회사에서 복지가 신뢰가 된 순간은 교육비가 지급된 날이 아니었다. 직원들이 "여기는 내가 커질 수 있는 곳"이라고 말하기 시작한 때였다. 한 사람의 인생 계획 안에 회사가 들어가는 순간, 복지는 비용이 아니라 약속이 된다.

두 번째 사례는 시공사였다. 이곳의 문제는 성장보다 생활이었다. 현장직이 많은 회사에서 기본급은 구조적으로 낮을 수밖에 없는 구간이 있다. 대표가 아무리 마음이 있어도 임금을 올리는 일은 단숨에 해결되지 않는다.

그러다 보니 이탈은 늘 '조금 더 주는 곳'으로 발생한다. 충성도의 문제가 아니라 생계의 문제다. 대표는 알고 있었다. 사람은 마음으로만 붙잡히지 않는다는 걸. 특히 월세, 전세, 주택 구입처럼 큰돈이 필요한 순간에는 더 그렇다.

여기서 복지는 위로가 아니라 안전장치가 된다. 주거비 지원은 단순한 금전 지원이 아니다. 오늘이 버텨지면 내일이 가능해진다는 신호다.

이 회사에서 복지가 신뢰가 된 순간은 지원이 한 번 나갔을 때가 아니라, 현장직들이 "여긴 갑자기 끊기지 않는다"는 감각을 갖게 되었을 때였다. 현장이 조용해지고, 공정이 안정되고, 납기가 지켜지면서 회사의 신용도가 올라갔다. 결국 사람을 붙잡는 복지가 회사의 평판을 지키는 방식으로 연결된 사례였다.

세 번째 사례는 '장기근속'이라는 시간의 문제를 다룬 회사였다. 대표는 직원들의 삶이 어느 구간에서 가장 무거워지는지 알고 있었다.

5년차, 10년차. 조직에서 책임이 커지고, 나이는 40대, 50대로 들어서며, 자녀 교육비가 크게 나가는 시기. 이때 회사가 아무것도 하지 않으면 직원들은 조용히 다른 길을 준비한다.

하지만 회사가 학자금 지원을 하려 해도 현실의 벽이 있었다. 현금성 지원은 상여처럼 처리되기 쉽고, 그 과정에서 회사도 부담이 커지고 직원도 세금을 내게 된다. 주는 쪽도 받는 쪽도 '같이' 무거워지는 구조다. 대표가 원했던 건 복지를 과시하는 게 아니라, 같은 돈으로 직원의 체감이 더 커지는 길이었다.

여기서 사내근로복지기금 제도가 가진 실무적 의미가 드러난다. 기금에 출연하는 금품은 근로복지기본법에 따른 사내근로복지기금에 해당하면 세법상 손금으로 인정된다는 안내가 있다.

그리고 기금이 정관과 운영 기준에 따라 지급하는 복지금품은 성격에 따라 근로소득 과세 여부나 증여세 비과세 판단이 달라질 수 있어, 직원 입장에서는 동일 금액이라도 실질 체감이 커질 여지가 생긴다.

다만 모든 지급이 자동으로 비과세가 되는 것은 아니고, 지급 목적과 요건, 운영 방식에 따라 과세 판단이 달라질 수 있기 때문에 설계 단계에서 기준을 촘촘히 잡는 것이 중요하다.

그 회사에서 복지가 신뢰가 된 순간은 "학자금 지원을 한다"는 말이 나온 때가 아니었다. 지원이 규정으로 정리되고, 장기근속자들이 '회사에 남은 시간'이 손해가 아니라는 확신을 얻었을 때였다. 직원들은 금액을 비교하기보다 구조를 보게 된다.

이 회사는 내가 오래 다니면 무엇을 지켜주는가. 내 아이의 교육비가 흔들릴 때 회사는 어떤 태도를 갖는가. 그 질문에 답이 생기면, 회사는 대기업처럼 보이기 시작한다. 규모가 아니라 약속의 방식이 그렇게 보이게 만든다.

세 사례는 서로 다른 복지를 다룬다. 교육, 주거, 학자금. 하지만 이 세 가지는 모두 한 문장으로 정리된다. 복지는 사람의 시간을 붙잡는 장치라는 것. 사람은 회사에 시간을 맡길 때, 단지 월급만 보고 결정하지 않는다.

특히 지방에서는 더 그렇다. 떠나면 더 많은 선택지가 있는 곳을 알고 있어도 남는 사람들이 있다. 그들은 회사가 자기 삶을 어떤 방식으로 대하는지 보고 남는다.

복지가 신뢰가 되는 순간은 결국 '기준'이 생기는 순간이다. 누구에게, 언제, 어떤 조건에서, 어떤 절차로 돌아가는지. 그 기준이 반복되면 회사는 말보다 행동으로 증명하게 된다.

그리고 그 증명은 회사 안에서만 끝나지 않는다. 직원의 가족에게도, 지역사회에도, 거래처에도 퍼진다. "저 회사는 사람을 함부로 대하지 않는다." 이 문장은 광고로 만들 수 없다. 반복된 경험이 만든다.

세 가지 사례가 말해주는 건 한 가지다. 지속가능한 회사는 돈을 더 많이 쓰는 회사가 아니라, 돈을 '같은 방향'으로 쓰는 회사다.

방향이 사람을 향할 때, 복지는 비용이 아니라 신뢰가 된다. 신뢰가 쌓이면 사람은 남고, 사람이 남으면 기술이 남고, 기술이 남으면 기업이 남는다. 결국 복지는 회사의 제도가 아니라 회사의 미래다.

● 주요 활동

• 현) 삼성생명 GFC사업부 경기법인지역단 판교법
  인지점 수석팀장
• 현) 삼성생명 GFC사업부 잡페어 전문강사
• 현) 삼성생명 GFC사업부 신입사원교육 전문강사
• 현) 삼성생명 GFC사업부 CSA(Corporate
  Solution Advisor) 인증
• 현) 삼성생명 조직명장(연평균 40여 명 리쿠르팅)
• 현) 삼성생명 명인(업적 부문 연도상 15회 수상)
• 2004년 5월 삼성생명 GFC사업부 입사
• 중소기업 CEO 대상 법인전환, 임원보수규정 정비,
  기업부설연구소 설립 컨설팅
• ISO·벤처·이노비즈 등 기업인증, 정책자금 대출,
  특허출원·등록 지원
• 가업승계 컨설팅, 이익잉여금 해소 전략, 중대재해
  처벌법 대응 방안 자문
• 신입사원과 협업 기반 중소기업 컨설팅 수행 및 육
  성(소득보전·정착·리더 성장 지원)

원종천

010-3297-5894
jehoshua2000@naver.com

Part 4. 가업승계와 상속·증여의 경영 설계

가업승계는 '세금'이 아니라 '경영의 연장'이다

1.승계는 '언젠가'가 아니라 '지금'의 경영 과제다
  준비 시점이 늦을수록 커지는 3가지 비용(세금·지배력·사람)
  CEO가 먼저 정리해야 할 승계의 목적: 지분, 경영권, 가족 합의

2.상속 vs 증여 정답이 아니라 '순서'가 결과를 만든다
  증여가 유리한 구간과 상속이 필요한 구간: 핵심 판단 기준
  "가족에게 남길 것"을 재산이 아닌 의사결정 구조로 바꾸는 법

3.가업승계의 핵심은 지분이 아니라 '지배구조'다
  주주 구성·의결권·정관·이사회: 경영권이 흔들리는 포인트
  후계자에게 넘겨야 할 것은 주식이 아니라 '역할과 권한'이다

4.세금은 마지막에 정리된다 먼저 '숫자 문제'부터 정돈하라
  이익잉여금·가지급금·가수금: 승계 전에 반드시 손봐야 할 항목
  임원보수규정·퇴직금·배당정책: 세무 리스크를 줄이는 운영 설계

5.승계를 망치는 변수 대표 리스크와 법적 리스크
  대표 유고·건강·보증채무: 리스크가 승계를 멈추는 순간
  중대재해·노무·컴플라이언스: '사고 한 번'이 지배구조를 흔드는 이유

6.법인컨설턴트가 되려면 승계를 '프로젝트'로 운영하라
  CEO 상담의 첫 질문 10개: 숫자보다 먼저 '의도'를 묻는 인터뷰
  제안서가 아니라 로드맵: 세무·법무·노무 협업을 설계하는 컨설턴트의 기술
  승계 프로젝트의 설계도: 범위·일정·의사결정자를 먼저 고정하라
  실행을 끝까지 끌고 가는 기술: 커뮤니케이션·기록·점검의 루틴

원종천

"가업승계와 법인 컨설팅을 '프로젝트'로
완성하는 CEO 파트너"

삼성생명 GFC사업부 판교법인지점 수석팀장으로, 중소기업 CEO의 의사결정 곁에서 '세금'이 아니라 '기업의 지속성'으로 승계를 설계해온 법인 컨설팅 전문가다.

개인사업자 법인전환부터 임원보수규정 정비, 정책자금, 기업인증, 이익잉여금 해소, 중대재해 대응, 가업승계·상속증여까지 60여 가지 컨설팅 영역을 한 흐름으로 연결해 '지금 해야 할 순서'를 제시한다.

가업승계는 세금 이벤트가 아니라 경영의 시간을 다음 세대로 옮기는 작업이다. 지분과 경영권, 가족 합의가 충돌하지 않도록 구조를 먼저 세우고, 그 다음에 세금과 제도를 정리한다. 진단에서 설계, 실행까지 '프로젝트'로 끝까지 끌고 가는 것이 그의 방식이다.

주식을 넘기기 전에 회사부터 단단히 세워라. 지배구조가 안정되면 세금은 관리되고, 핵심 인재가 남으면 회사는 이어진다. 그가 CEO 곁에 서는 이유는 바로 그 '지속성'을 완성하기 위해서다.

Part4. 가업승계와 상속·증여의 경영 설계

가업승계는 '세금'이 아니라 '경영의 연장'이다

1. 승계는 '언젠가'가 아니라 '지금'의 경영 과제다

가업승계를 세금 문제로만 생각하는 순간, 기업은 가장 중요한 것을 뒤로 미룬다. 승계는 상속이 발생하는 날 갑자기 시작되지 않는다. 이미 지금, 대표의 결재선과 거래처의 신뢰, 내부의 권한 구조, 가족의 기대와 침묵 속에서 조용히 진행 중이다.

승계는 이벤트가 아니라 운영의 방식이다. 대표가 현장에서 물러나는 속도, 후계자가 책임을 익히는 시간, 조직이 새로운 리더를 받아들이는 과정. 그 모든 것이 경영이다. 그래서 승계를 미루면 '현금'보다 먼저 '구조'가 늙는다. 구조가 늙으면 작은 변수에도 회사가 멈춘다.

이 장은 준비가 늦어질수록 커지는 세 가지 비용을 먼저 보여준다. 세금은 시간이 지날수록 기업가치와 함께 불어나고, 지배력은 말하지 않은 채로 흩어진 지분과 관계 속에서 약해지며, 사람의 비용은 조직의 마음이 흔들릴 때 가장 크게 터진다.

그리고 그 다음 질문으로 넘어간다. 승계의 목적은 무엇이어야 하는가. 지분을 넘기는 일과 경영권을 지키는 일은 같지 않다. 가족 합의는 사랑으로만 완성되지 않는다. 납득 가능한 문장과 반복 가능한 규칙이 있어야 한다. 그 규칙이 만들어지는 순간, 세금은 공포가 아니라 관리 가능한 일정으로 내려온다. 승계는 결국, 회사가 끊기지 않도록 지금부터 시간을 다듬는 경영의 연장이다.

준비 시점이 늦을수록 커지는 3가지 비용(세금·지배력·사람)

승계를 미루는 가장 흔한 이유는 준비가 없어서가 아니다. 준비를 할 만큼 당장 급한 일이 너무 많아서다. 오늘의 매출, 이번 달 자금, 다음 주 납기. 대표의 하루는 늘 '지금'으로 꽉 차 있다. 그런데 승계는 '언젠가'라고 이름 붙인 순간부터, 회의 안건에서 가장 먼저 밀려난다.

문제는 승계가 밀려난 자리에서 비용이 자란다는 점이다. 이 비용은 회계 장부에 한 줄로 뜨지 않는다. 대신 회사의 속도를 늦추고, 관계를 흔들고, 마지막에는 세금으로 확정된다.

준비가 늦을수록 커지는 비용은 크게 세 가지다. 세금, 지배력, 사람. 이 셋은 따로 움직이지 않는다. 하나가 흔들리면 나머지도 같이 흔들린다.

첫째, 세금의 비용이다.

세금은 어느 날 갑자기 생기는 벌금이 아니다. 시간이 만든 결과다. 회사가 성장하면 가치가 오른다. 가치가 오르면 과세의 바닥도 같이 올라간다. 대표는 열심히 회사를 키웠는데, 승계 시점에서는 그 성장이 곧 비용이 되는 것처럼 느껴질 때가 있다. 그래서 세금이 억울하게 다가온다.

하지만 세금이 억울해지는 진짜 이유는 따로 있다. 세금을 줄이는 기술이 없어서가 아니라, 세금을 분산할 시간이 없어서다. 승계는 시간을 쓰는 일이다. 시간을 쓰면 선택지가 생기고, 선택지가 생기면 비용을 나눌 수 있다. 반대로 시간이 없으면, 선택지는 "지금 한 번에 정리"로 줄어든다.

한 번에 정리하는 순간, 세금도 한 번에 무겁게 내려앉는다. 같은 자산이라도 '언제'라는 질문을 놓치면, 결과는 과하게 단단해진다.

둘째, 지배력의 비용이다.

대표가 가장 많이 놓치는 비용이기도 하다. 회사의 지배력은 지분율만으로 유지되지 않는다. 지배력은 구조로 유지된다.

누가 의결권을 쥐고 있는지, 주주 구성은 어떤지, 정관은 어떤 문장으로 회사를 보호하는지, 이사회와 주주총회는 실제로 어떻게 작동하는지. 이 모든 것이 합쳐져 '경영권의 체력'이 된다.

승계를 미루면 지배력은 오히려 약해질 수 있다. 가족에게 미안한 마음으로 지분을 조금씩 흩어 놓거나, 관계가 좋을 때 구두로만 약속해 둔 몫들이 시간이 지나면서 '권리'로 굳어지기 때문이다. 대표가 살아 있는 동안에는 대표의 존재가 그 균열을 덮는다.

하지만 대표가 한 발 물러나는 순간, 덮여 있던 균열은 서류의 언어로 바뀐다. 그때 지배력은 협상 대상이 된다. 협상 대상이 된 경영권은 흔들린다. 흔들리는 회사에서 후계자는 결정을 미룬다. 결정이 미뤄지면 시장이 먼저 움직인다. 지배력 비용은 결국 '기회비용'으로 나타난다.

셋째, 사람의 비용이다.

승계에서 사람의 비용은 가장 늦게 보이지만, 가장 크게 남는다. 회사는 숫자로 움직이는 것 같아도, 결국 사람의 마음으로 돌아간다.

대표가 바뀌는 국면에서 조직은 한동안 불안해진다. 누가 결정할지, 누가 책임질지, 내가 이 회사에 남아도 될지. 그 질문이 떠오르는 순간부터 조직은 안전한 선택만 한다. 도전이 줄고 속도가 느려진다.

핵심 인력이 빠지거나, 거래처가 흔들리거나, 내부에서 작은 갈등이 커지는 이유는 대부분 이 불안에서 시작된다. 대표는 "승계만 하면 되지"라고 생각했는데, 조직은 "승계가 어떻게 되지"를 먼저 본다.

후계자가 명함을 바꿔도, 결재선이 그대로면 사람들은 안심하지 않는다. 후계자가 직함을 달아도, 권한이 없다면 사람들은 따르지 않는다. 사람의 비용은 이렇게 '권한의 공백'에서 자란다.

세 비용은 한 장면에서 동시에 폭발하기도 한다. 대표의 건강 이슈로 갑자기 자리를 비웠는데, 후계자의 권한이 정리되지 않았고, 주주 간 합의도 없어서 결정을 못 내리고, 그 사이에 거래처 신뢰가 흔들리는 장면이다.

이때 회사는 매출보다 먼저 '리듬'을 잃는다. 리듬을 잃은 회사는 세금을 줄일 여유도, 지배력을 정리할 시간도, 사람을 붙잡을 말도 부족해진다.

그래서 승계는 '나중에 정리할 일'이 아니라 '지금 운영을 바꾸는 일'이된다.

세금의 비용은 시간을 벌면 줄어들 여지가 생긴다. 지배력의 비용은 구조를 만들면 안정된다. 사람의 비용은 권한과 규칙이 반복되면 낮아진다. 결국 승계 준비란, 회사가 대표 한 사람의 체력에만 기대지 않도록 만드는 일이다.

승계를 시작하는 가장 현실적인 방법은 거창한 선언이 아니다. 회사 안의 세 가지를 지금 점검하는 것이다.

첫째, 대표가 쥔 결정 목록을 적어본다.

둘째, 지분과 의결권 구조를 한 장으로 그려본다.

셋째, 후계자에게 지금부터 줄 수 있는 작은 권한을 정한다.

이 세 가지를 시작하는 순간, 승계는 더 이상 '언젠가'가 아니다. 지금의 경영 과제가 된다.

CEO가 먼저 정리해야 할 승계의 목적: 지분, 경영권, 가족 합의

가업승계에서 가장 어려운 건 서류가 아니다. 대화다.

가족은 회사의 주주이기도 하고, 동시에 가족이다. 가족이라는 관계는 법인보다 오래되고, 법인보다 복잡하다. 그래서 승계는 재무와 법무보다 먼저 감정과 기대가 부딪히는 자리에서 흔들린다.

이때 CEO가 가장 먼저 해야 할 일은 '목적'을 분명히 하는 것이다. 승계의 목적이 불분명하면, 준비 과정에서 모든 선택이 갈라진다. 지분을 넘기는 것이 목적이라고 믿는 순간, 경영권은 흔들릴 수 있다.

경영권을 지키는 것이 목적이라고 믿는 순간, 가족은 상처받을 수 있다. 가족을 다 만족시키는 것이 목적이라고 믿는 순간, 회사는 느려질 수 있다. 그래서 목적은 한 문장으로 정리되어야 한다. 그리고 그 문장은 지분, 경영권, 가족 합의라는 세 축 위에서 균형을 잡아야 한다.

첫째, 지분의 목적이다.

지분은 사랑의 증표가 아니라 권리의 단위다. 지분을 나눈다는 건 '이 회사의 일부에 대한 권리'를 나누는 일이다. 배당을 요구할 권리, 정보에 접근할 권리, 의결에 참여할 권리. 대표가 이 사실을 인정하지 않으면, 승계 이후에 반드시 갈등이 생긴다. 지분은 주는 순간 끝나는 게 아니라, 주는 순간부터 작동하기 시작한다.

그래서 CEO가 먼저 정리해야 할 질문은 이것이다. 누구에게 어떤 지분을 왜 주는가. 경영을 하는 자녀와 경영을 하지 않는 자녀가 있다면, 그 차이를 어떻게 반영할 것인가. 지분을 '똑같이' 나누는 것이 공평일 때도 있지만, 항상 그렇지는 않다.

공평은 똑같음이 아니라 납득이다. 납득 가능한 기준이 없으면, 지분은 가족의 마음속에서 '불공정'으로 해석된다. 그 해석은 언젠가 표결과 소송과 침묵으로 돌아온다.

둘째, 경영권의 목적이다.

경영권은 지분율만으로 지켜지지 않는다. 경영권은 의사결정의 구조로 지켜진다. 대표가 떠난 뒤에도 회사가 같은 속도로 움직이길 원한다면, '결정이 나는 방식'을 먼저 정리해야 한다.

정관과 이사회, 주주총회, 임원 권한, 결재 기준. 이 장치들이 정리되지 않으면, 후계자는 지분을 받아도 결정할 수 없다. 결정하지 못하는 대표는 대표가 아니다. 조직은 결국 이전 대표를 찾거나, 각자도생으로 흩어진다.

CEO가 정리해야 할 경영권의 핵심은 권한의 이전 순서다. 주식을 먼저 넘길지, 권한을 먼저 넘길지. 많은 회사가 주식을 먼저 넘기고 권한은 나중으로 미룬다. 하지만 권한이 없는 주식은 가족에게 불안을 주고, 경험이 없는 권한은 조직에게 불안을 준다.

그래서 현실적인 해법은 '권한을 먼저 쪼개서 연습시키는 것'에 가깝다. 작은 결정부터 후계자에게 맡기고, 실수의 비용이 낮은 구간에서 경험을 쌓게 한다. 그 반복이 쌓이면 조직은 후계자를 '상속인'이 아니라 '대표'로 보기 시작한다.

셋째, 가족 합의의 목적이다.

승계가 무너지는 결정적 순간은 보통 가족 회의에서 온다. 그 회의가 커지기 전에, CEO는 말하지 못한 합의를 문장으로 꺼내야 한다. "가족끼리니까 알아서 되겠지"라는 말은 선의일 때가 많다.

갈등을 만들고 싶지 않아서, 지금은 잘 돌아가니까 굳이 흔들지 않으려는 마음. 그런데 침묵이 길어지면 '알아서'가 아니라 '각자 다르게'가 된다. 다르게 이해한 약속은 나중에 반드시 비용이 된다.

가족 합의는 감정 조율로만 끝나지 않는다. 합의는 구조로 남아야 한다.

누가 경영을 맡고, 비경영 가족은 어떤 방식으로 현금흐름을 확보할지, 배당은 어떤 원칙으로 결정할지, 중요한 의사결정의 범위는 어디까지인지. 그리고 그 합의가 회사의 규정과 문서로 연결되어야 한다. 문서로 연결되지 않은 합의는 '기억'으로 남고, 기억은 사람마다 다르게 변한다.

여기서 CEO의 역할이 분명해진다. CEO는 중재자가 아니라 설계자다.

가족의 감정이 부딪히기 전에, 회사가 흔들리기 전에, 납득 가능한 규칙을 먼저 제시해야 한다. 규칙은 차갑게 들리지만, 사실 가족을 지키는 장치가 될 때가 많다. 역할이 분리되면 관계가 덜 망가진다. 권리와 책임이 정리되면 대화의 온도가 내려간다.

승계 목적을 정리하는 실전은 단순하게 시작할 수 있다. 지분은 누구에게 얼마나, 경영권은 어떤 구조로, 가족 합의는 어떤 문장으로. 세 줄을 적어본다.

그리고 그 세 줄이 서로 충돌하는 지점을 찾는다. "지분을 똑같이 나누면 경영권이 흔들린다." "경영권을 강하게 지키면 비경영 가족의 불안이 커진다." 충돌 지점이 보이면, 그 지점이 설계 포인트가 된다.

승계는 결국 한 문장으로 귀결된다. 회사가 끊기지 않게 하려면, 무엇을 누구에게 어떤 방식으로 넘길 것인가. 지분은 권리의 이동이고, 경영권은 결정의 지속이며, 가족 합의는 관계의 안정이다.

이 셋을 동시에 만족시키는 완벽한 해답은 드물다. 대신 이 셋의 균형을 현실적으로 맞추는 방식은 존재한다. 그리고 그 출발점은 늘 같다. CEO가 목적부터 정리하는 것. 목적이 정리되면, 세금은 그 다음에 정리된다. 그 순서가 맞을 때 승계는 공포가 아니라 경영이 된다.

2. 상속 vs 증여 정답이 아니라 '순서'가 결과를 만든다

상속과 증여를 비교할 때, 사람들은 자꾸 "어느 쪽이 더 싸요?"부터 묻는다. 그런데 승계 현장에서 비용을 갈라놓는 건, 선택 자체보다 순서다. 무엇을 먼저 정리했고, 무엇을 나중으로 미뤘는지에 따라 같은 재산도 다른 세금이 된다. 더 정확히 말하면, 세금이 달라지기 전에 회사가 흔들리는 방식이 달라진다.

증여는 시간을 나눠 쓸 수 있게 해준다. 시간을 나눠 쓸 수 있다는 건, 책임도 나눠 연습할 수 있다는 뜻이다. 반대로 상속은 한 순간에 모든 일이 겹친다.

대표의 부재, 가족의 감정, 조직의 불안, 거래처의 관망, 그리고 신고기한이라는 마감까지. 그 겹침이 커질수록 사람들은 "세금이 문제"라고 말하지만, 실은 "결정이 늦어진 비용"이 먼저 회사를 갉아먹는다.

그래서 이 장은 '증여가 유리한 구간'과 '상속이 필요한 구간'을 가르는 기준을 정리하되, 결론을 하나로 고정하지 않는다.

대신 CEO가 가장 많이 놓치는 한 가지를 붙잡는다. 돈을 누구에게 얼마나 남길지가 아니라, 의사결정을 어떤 구조로 남길 것인가. 승계는 재산의 이동이 아니라, 회사가 끊기지 않게 만드는 경영의 연장이다. 그 연장은 순서를 아는 순간부터 현실이 된다.

증여가 유리하다는 말은, 대개 '세금이 적다'로 번역된다. 하지만 실제로는 '시간이 생긴다'가 더 정확하다. 승계에서 시간은 단순한 기간이 아니다.

후계자가 결정의 무게를 익히는 시간이고, 조직이 새 리더의 언어에 적응하는 시간이며, 가족이 변화를 받아들이는 시간이다. 세금은 그 다음에 정리된다. 문제는 시간 없이 세금을 먼저 정리하려 할 때 생긴다. 그때 승계는 깔끔해 보이지만, 회사는 불안해진다.

증여가 유리해지는 첫 번째 구간은, 회사의 가치가 앞으로 더 커질 가능성이 높은 때다. 비상장주식은 특히 그렇다. 지금의 가치로 미리 넘겨두면, '오르는 시간'을 후계자의 시간으로 바꿀 수 있다.

성장의 과실을 누구의 이름으로 남길지 결정하는 게 결국 승계다. 늦게 줄수록 주식가치는 더 커질 수 있고, 그 커진 가치가 승계비용의 바닥이 되기도 한다. 그래서 성장곡선 위에 있는 회사일수록 '미리 조금씩'이 의미가 있다.

두 번째는 현금흐름이 분산되어야 하는 때다.

상속은 한 번에 발생하는 사건이지만, 증여는 분할이 가능하다. 다만 이 분할은 단순히 쪼개는 기술이 아니다. 증여세는 같은 증여자와 같은 수증자 사이에서 일정 기간 합산되는 구조가 있어, 시간을 나눈다고 무조건 분리되는 게 아니다.

그래서 증여는 "나눠주면 된다"가 아니라 "어떤 단위로, 어떤 간격으로, 누구에게"를 같이 설계해야 한다. 여기서 중요한 현실 하나가 있다. 증여는 사후에도 완전히 사라지지 않는다.

상속세를 계산할 때, 상속개시 전 일정 기간의 사전증여재산이 상속세 과세가액에 다시 더해질 수 있다. 상속인에게 한 증여는 10년, 상속인이 아닌 자에게 한 증여는 5년을 기준으로 가산 여부가 달라질 수 있다는 점을 제도는 분명히 하고 있다.

그러니까 증여는 "상속을 없애는 선택"이라기보다 "상속이라는 마감을 준비 가능한 일정으로 바꾸는 선택"에 가깝다.

세 번째는 가족이 이미 '경영 참여'와 '지분 보유'로 갈라져 있는 때다.

경영을 하는 사람은 책임을 지고, 경영을 하지 않는 사람은 권리를 가진다. 이 구조에서 상속은 한 번에 갈등을 키우기 쉽다. 반면 증여는 의도를 미리 문장으로 만들 수 있다.

누가 경영을 맡고, 누가 현금흐름을 어떤 방식으로 보장받고, 어떤 권리를 어떤 범위에서 행사할지. 이 문장을 먼저 만들고, 그 문장에 맞춰 지분을 이동시키면 갈등의 온도가 내려간다. 승계는 가족의 감정이 폭발하기 전에 '합의의 언어'를 만드는 작업이기 때문이다.

반대로 상속이 필요한 구간도 있다.

첫째, 후계자가 아직 준비되지 않은 때다.

증여는 주식을 넘기는 순간부터 '책임'이 따라온다. 명함이 아니라 실제 결재선과 책임의 범위가 바뀌어야 한다. 그런데 그 준비가 없는 상태에서 지분을 먼저 넘기면, 후계자는 시작부터 방어적으로 된다. 방어적인 리더십은 조직을 움츠러들게 만든다. 그때 회사는 성장보다 생존을 선택한다.

둘째, 대표가 지배력을 쉽게 내려놓을 수 없는 구조일 때다.

가업승계는 "내가 물러난다"라는 한 문장으로 되지 않는다. 회사가 대표 1

인에게 너무 많이 묶여 있으면, 지분을 옮기는 순간 의사결정이 느려질 수 있다. 대표가 내려놓지 못한 권한이 조직 안에서 더 크게 소리 나기 때문이다.

이때는 상속을 기다리자는 말이 아니라, 상속이든 증여든 전에 먼저 해야할 일이 있다는 뜻이다. 권한의 병목을 풀고, 규정 언어를 만들고, 대표 개인의 책임을 정리하는 일. 이 순서가 먼저다.

셋째, 세금을 낼 현금의 통로가 막혀 있을 때다.

상속은 '사건'이라서, 세금을 마련하는 통로도 사건처럼 급해진다. 그런데 회사가 비상장이고, 자산이 대부분 주식이라면 현금 마련은 생각보다 거칠다. 이때 증여든 상속이든, 계획 없는 선택은 결국 회사의 자금을 흔들 수 있다. 그래서 판단 기준은 단순해진다.

세금을 줄이기 위해 회사를 흔들 것인가, 회사를 지키기 위해 세금을 일정으로 바꿀 것인가. 승계는 늘 그 둘 사이에서 답이 나온다.

마지막으로 실무적인 기준 하나는 반드시 기억해야 한다.

증여는 신고와 납부가 '빠르게' 따라온다. 증여세는 증여일이 속하는 달의 말일부터 3개월 이내에 신고·납부해야 하는 구조로 안내된다.

상속은 상대적으로 더 긴 신고기한이 있지만, 그 기간 동안 회사와 가족이 동시에 흔들릴 수 있다. 상속세는 통상 상속개시일이 속하는 달의 말일부터 6개월 이내 신고·납부하는 것으로 안내된다.

즉, 증여는 '빠른 실행'이 필요한 선택이고, 상속은 '큰 겹침'을 관리해야하는 선택이다. 그래서 정답은 하나가 아니라 순서다. 누구를 먼저 준비시키고, 무엇을 먼저 정리할지. 그 순서가 정해지면 상속과 증여는 선택이 아니라도구가 된다.

"가족에게 남길 것"을 재산이 아닌 의사결정 구조로 바꾸는 법

대표가 자주 하는 말이 있다. "가족에게 남기고 싶다." 그 말에는 사랑이 있고 책임이 있다. 그런데 승계 현장에서 그 문장이 가장 위험해지는 순간이 있다.

'얼마를' 남길지에만 마음이 붙을 때다. 얼마를 남기느냐보다 더 오래 남는 건, 그 돈이 어떤 방식으로 움직이게 될지다. 돈은 시간이 지나면 쓰이거나 바뀌지만, 의사결정 구조는 회사의 체질이 된다. 그래서 나는 승계를 '재산의 이동'이 아니라 '결정권의 설계'라고 부른다.

의사결정 구조를 만든다는 건, 가족을 차갑게 분류하자는 뜻이 아니다. 오히려 관계를 지키기 위해 역할을 구분하자는 뜻이다. 가족은 동시에 주주가 될 수 있고, 임원이 될 수 있고, 아무 역할도 하지 않는 이해관계자가 될 수도 있다. 이 역할이 섞인 상태로 시간이 흐르면, 언젠가 말이 충돌한다.

"나는 가족인데." "나는 주주인데." "나는 경영자인데." 이 셋의 언어가 같은 자리에서 싸우기 시작하면, 회사는 느려지고 가족은 상처를 입는다. 승계는 그 충돌을 늦추는 일이 아니라, 충돌이 나지 않게 구조를 세우는 일이다.

첫 번째 단계는 '결정의 지도'를 그리는 일이다.

회사에서 중요한 결정을 열 개만 적어보면, 승계의 문제는 놀랍도록 선명해진다. 대표 선임, 주요 투자, 차입과 담보, 배당, 임원 보수, 핵심 인력 보상, 대규모 계약, 계열 거래, 분쟁 대응, 사업 확장. 지금 이 결정들은 누가 하고 있는가. 그리고 내일은 누가 해야 하는가.

이 질문을 적는 순간, 대표는 깨닫는다. 내가 넘겨야 할 것은 주식이 아니라 결정의 습관이라는 것을.

두 번째는 '가족 합의'를 감정이 아니라 운영 언어로 바꾸는 일이다.

가족 합의에서 가장 자주 틀어지는 지점은 공평이다. 공평은 똑같이 나누는 것처럼 보이지만, 실제로는 납득의 문제다. 경영을 맡는 사람은 부담을 지고, 경영을 맡지 않는 사람은 불안을 가진다.

그래서 합의는 "너는 얼마, 너는 얼마"로 시작하면 금방 삭막해진다. 대신 이렇게 바꿔야 한다. 경영을 맡는 사람은 어떤 책임을 진다. 그 책임에 대한 보상은 어떤 원칙으로 정한다.

경영을 맡지 않는 사람의 현금흐름은 어떤 방식으로 안정시킨다. 배당이든 임대료든, 혹은 별도의 합리적인 장치든 중요한 건 한 가지다. 약속이 말로 떠다니지 않고 규칙으로 남는 것.

세 번째는 주주라는 관계를 '대화 가능한 문서'로 바꾸는 일이다.

승계가 잘못되는 회사들의 공통점은 주주가 대화하지 않는 게 아니라, 대화가 문서로 남지 않는다는 점이다. 대화는 기억으로 남고, 기억은 사람마다 다르다. 그래서 시간이 지나면 서로 다른 확신이 된다.

그 확신들이 충돌하는 순간, 법과 세금이 들어오고 비용이 폭발한다. 승계에서 문서는 싸우기 위해 만드는 게 아니다. 싸우지 않기 위해 만드는 것이다.

네 번째는 '세금의 언어'도 결국 구조로 번역하는 일이다.

사람들은 공제를 먼저 찾지만, 공제는 구조가 만들어질 때 더 정확해진다. 예를 들어 증여에는 관계에 따라 공제 한도가 정해져 있는데, 배우자에게는 6억원, 직계존비속 성인에게는 5천만원, 미성년자에게는 2천만원, 기타 친족 등에는 1천만원처럼 구분되어 있다.

이 숫자는 단순한 혜택이 아니라 "가족 간 이전을 어떤 단위로 설계할지"

를 결정하는 기준이 된다. 하지만 이 기준을 살리는 건 공제 자체가 아니라 의사결정 구조다. 누가 어떤 역할로 남을지, 회사가 어떤 규칙으로 움직일지, 그 틀이 세워져야 숫자는 제자리를 찾는다.

마지막은 대표의 한 문장이다. "나는 무엇을 남기려 하는가." 주식인가, 현금인가, 혹은 회사라는 생태계인가. 많은 대표는 회사가 가족을 책임지는 방식으로 남길 원한다.

그렇다면 남겨야 할 것은 재산보다 구조다. 결재선, 권한의 분산, 배당정책, 이사회와 주주총회의 역할, 임원보수 기준, 대표 개인 책임의 분리. 이런 것들은 눈에 띄지 않지만, 다음 세대의 삶을 조용히 지킨다.

상속과 증여는 결국 돈을 움직이는 제도다. 하지만 승계는 돈만으로 움직이지 않는다. 사람과 조직과 관계가 같이 움직인다.

그래서 순서가 필요하다. 먼저 의사결정 구조를 만든다. 다음에 역할과 권한을 옮긴다. 그 다음에 소유를 이동시킨다. 마지막에 세금이 정리된다. 이 순서를 지키는 회사는 이상하게도 흔들림이 작다. 흔들림이 작으면, 세금은 공포가 아니라 일정이 된다. 그때 승계는 비로소 '경영의 연장'이 된다.

3. 가업승계의 핵심은 지분이 아니라 '지배구조'다

승계를 이야기하면 사람들은 먼저 지분율부터 꺼낸다. 몇 퍼센트를 누구에게 넘길지, 어느 시점에 옮길지. 그런데 현장에서 회사가 흔들리는 순간은 숫자가 아니라 구조에서 온다.

지분이 충분해 보이는데도 경영권이 휘청이고, 대표가 바뀌었는데도 조직이 움직이지 않고, 가족이 "합의했다"고 말했는데도 의결에서 막힌다. 그 이유는 단순하다. 회사는 소유로만 굴러가지 않고, 결정의 규칙으로 굴러가기 때문이다.

지배구조는 거창한 용어가 아니다. 누가 표를 가지고 있는지, 그 표가 어떤 조건에서 움직이는지, 정관이 무엇을 허용하고 무엇을 막는지, 이사회와 주주총회가 어떤 순서로 결정을 확정하는지. 그 모든 것이 합쳐져 경영권을 만든다. 그래서 승계는 주식이 이동하는 사건이 아니라, 결정이 확정되는 길을 다시 깔아주는 작업이 된다.

이 장에서는 경영권이 흔들리는 포인트를 네 가지로 정리한다. 주주 구성, 의결권, 정관, 이사회. 그리고 마지막으로 후계자에게 정말로 넘겨야 할 것이 무엇인지 짚는다. 주식은 종이처럼 옮길 수 있지만, 역할과 권한은 시간을 들여 길러야 한다. 그 시간표를 만들지 않으면 승계는 완료가 아니라 시작부터 불안이 된다.

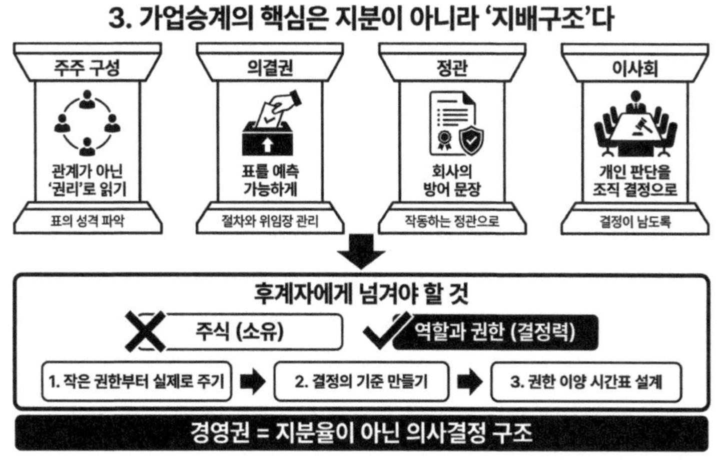

경영권이 흔들리는 회사에는 비슷한 장면이 있다. 대표는 "내가 최대주주인데 왜 이렇게 일이 어렵죠?"라고 말한다. 그리고 옆에서 누군가 조용히 덧붙인다.

"그런데 표가 모자랍니다." 여기서 표는 지분율이 아니라 의결권이다. 승계의 첫 번째 포인트는 이 둘이 같지 않을 수 있다는 사실을 받아들이는 데서 시작한다.

주주 구성이 복잡해지는 방식은 의외로 단순하다. 처음엔 가족 몇 명의 이름이 올라가고, 시간이 지나며 직원에게 조금씩 나가고, 거래처나 지인에게도 '관계'의 이름으로 흩어진다. 그때는 다들 괜찮다. 대표가 살아 있고, 회사가 잘 돌아가고, 관계가 단단하니까.

하지만 승계의 문 앞에서는 관계가 아니라 권리가 남는다. 그 권리는 표가 되고, 표는 결정을 멈춘다. 회사는 그때 처음으로 "우리는 누구의 회사인가"라는 질문을 받는다.

그래서 지배구조 점검은 엑셀에서 시작하지 않는다. 종이 한 장에서 시작한다. 주주를 한 줄씩 쓰고, 각자의 역할을 적는다.

경영에 참여하는가, 참여하지 않는가. 가족인가, 외부인가. 장기적으로 회사와 같이 갈 사람인가, 언제든 나갈 수 있는 사람인가. 이 분류가 끝나면 표의 성격이 보이기 시작한다. 경영권은 숫자의 합이 아니라 성격의 조합이기 때문이다.

두 번째는 의결권이다.

많은 회사가 의결권을 '행사하지 않는 권리'로 착각한다. 평소에 주주총회에 잘 오지 않으니 괜찮다고 믿는다. 그런데 승계나 분쟁처럼 중요한 안건이 올라오면, 그 권리는 살아난다.

누군가는 그 권리를 협상 카드로 쓰고, 누군가는 감정의 대변으로 쓰고, 누군가는 단순히 "내 몫"을 확인하기 위해 쓴다. 그 순간 회사는 경영이 아니라 표 계산을 하게 된다. 표 계산을 시작한 회사는 느려진다. 느려진 회사는 내부에서도 흔들린다.

여기서 중요한 건 '표를 이기는 표'가 아니라 '표를 예측 가능하게 만드는 장치'다. 위임장을 어떻게 받을지, 의결권 행사를 어떤 절차로 확인할지, 주주총회 소집과 결의의 흐름을 누가 챙길지. 사소해 보이는 절차가 승계 국면에서는 회사의 안전벨트가 된다. 절차가 없으면 표는 감정에 붙고, 감정에 붙은 표는 회사를 흔든다.

세 번째는 정관이다.

정관은 설립할 때 한 번 쓰고 잊어버리기 쉬운 종이다. 그런데 승계가 시작되면 정관은 갑자기 회사의 '방어 문장'이 된다.

누가 주식을 양도할 수 있는지, 주식의 종류와 권리는 어떻게 설계되어 있는지, 이사 선임과 대표이사 선임의 방식은 무엇인지, 이사회와 주주총회의 권한은 어떻게 나뉘는지. 평소엔 조용하지만, 관계가 흔들릴 때는 정관이 크게 들린다.

정관이 빈 회사는 말로 버틴다. 말로 버티는 회사는 대표가 있을 때만 빠르다. 대표가 한 발 물러나는 순간 말은 서로 다른 기억으로 갈라지고, 갈라진 기억은 다툼으로 커진다. 반대로 정관이 정리된 회사는 분쟁이 와도 길이 있다. 길이 있다는 건 무조건 싸우지 않는다는 뜻이 아니다. 다만 싸움이 생겨도 회사가 멈추지 않는다는 뜻이다.

네 번째는 이사회다.

중소기업에서 이사회는 형식처럼 느껴질 수 있다. 하지만 승계 이후 가장 강력한 안정 장치는 이사회가 되는 경우가 많다. 이유는 간단하다. 이사회는 '대표 개인의 판단'을 '조직의 결정'으로 바꾸는 장치이기 때문이다. 대표가 바뀌면 조직은 불안해진다.

그 불안을 달래는 건 "새 대표가 잘할 거야"라는 기대가 아니라 "이 회사는 이렇게 결정해"라는 규칙이다. 이사회가 제대로 작동하면, 새 대표의 결정은 개인의 독단이 아니라 조직의 합의로 남는다. 그러면 내부가 조용해진다. 조용해지면 실행이 빨라진다.

이 지점에서 많은 대표가 묻는다. "그럼 어디부터 손봐야 하죠?" 나는 순서를 이렇게 제안한다.

첫째, 주주 명부를 '관계'가 아니라 '권리'로 다시 읽는다. 누구의 표가 회사의 속도를 막을 수 있는지 먼저 본다.

둘째, 중요한 결정을 열 개만 뽑아 의결 구조를 매핑한다. 어떤 건 대표 결재로 되는지, 어떤 건 이사회가 필요한지, 어떤 건 주주총회가 필요한지. 길이 보이면 불안이 줄어든다.

셋째, 정관을 승계 관점에서 다시 읽는다. '있다'가 아니라 '작동하는가'를 확인한다. 작동하지 않는 정관은 없는 정관과 같다.

넷째, 이사회와 주주총회 운영을 습관으로 만든다. 회의가 많아지라는 말이 아니다. 결정이 남도록 하자는 말이다. 승계는 결국 남는 문장으로 완성된다.

경영권이 흔들리는 포인트는 늘 비슷하다. 표가 흩어져 있고, 규칙이 없고, 정관이 낡았고, 이사회가 형식인 곳. 반대로 경영권이 단단한 회사는 숫자가 아니라 구조가 단단하다. 그리고 그 구조는 대표가 떠나도 회사를 움직이게 만든다.

후계자에게 넘겨야 할 것은 주식이 아니라 '역할과 권한'이다

승계가 실패하는 회사들에는 공통된 착각이 하나 있다. 주식을 넘기면 승계가 끝난다고 믿는 착각이다. 주식은 소유를 바꾸지만, 회사는 소유만으로 굴러가지 않는다.

회사는 역할과 권한으로 굴러간다. 그래서 승계의 진짜 질문은 이것이다. 후계자는 무엇을 결정할 수 있는가. 그리고 그 결정을 조직이 받아들일 준비가 되어 있는가.

후계자가 가장 먼저 무너지는 순간은, 책임은 받았는데 권한이 없을 때다. 명함에는 대표이사라고 적혀 있는데, 중요한 의사결정은 여전히 전 대표에게 물어봐야 하고, 거래처는 전 대표만 찾고, 내부 임원들은 전 대표의 눈치를 본다. 그 구조에서 후계자는 매일 같은 메시지를 받는다.

너는 아직 진짜 대표가 아니라는 메시지. 그 메시지가 쌓이면 후계자는 방어적으로 된다. 방어적인 리더는 조직을 살피느라 결정을 미룬다. 결정을 미루는 회사는 시장에서 늦어진다. 늦어진 회사는 성장이 멈춘다. 승계는 그렇게 조용히 실패한다.

그래서 주식보다 먼저 넘겨야 하는 건 역할이다. 역할은 업무 목록으로 시작한다. 대표가 하는 일을 분해해보면 보통 세 덩어리로 나뉜다. 대외관계, 내부운영, 리스크 대응. 대외관계는 거래처, 금융기관, 주요 고객, 지역 네트워크 같은 것들이다.

내부운영은 인사 최종 결정, 투자 판단, 가격 정책, 조직문화의 기준 같은 것들이다. 리스크 대응은 분쟁, 사고, 갑작스러운 자금 압박, 법적 이슈에 대한 판단이다. 이 세 덩어리를 후계자에게 한 번에 넘기면 과부하가 온다. 그래서 역할은 단계로 넘겨야 한다.

단계의 핵심은 작은 권한부터 실제로 주는 것이다. 회의에 앉히는 것으로는 부족하다. 결재선을 바꿔야 한다. 후계자가 결정한 결과가 회사의 문서로 남고, 그 문서가 실제 실행으로 이어져야 한다. 사람은 말보다 경험으로 믿는다. 조직도 마찬가지다. 후계자가 책임을 익히는 건 공부가 아니라 실전이다.

권한을 넘길 때 꼭 필요한 것이 '결정의 기준'이다. 후계자는 보통 두 가지 극단 사이에서 흔들린다. 하나는 전 대표처럼 빠르게 밀어붙이고 싶은 마음이고, 다른 하나는 실수할까 봐 모든 걸 묻고 싶은 마음이다. 이 흔들림을 줄여주는 건 기준이다.

어떤 결정은 데이터가 있어야 하고, 어떤 결정은 사람의 의견을 모아야 하고, 어떤 결정은 시간을 두고 검증해야 한다는 기준. 기준이 있으면 후계자는 조급함 대신 절차를 따른다. 절차를 따르는 대표는 조직을 안정시킨다.

또 하나의 포인트는 전 대표의 '남는 방식'이다. 퇴장은 사라지는 게 아니라 역할을 바꾸는 일이라고 했다. 이 말이 현실이 되려면, 전 대표의 역할도 문장으로 정리되어야 한다.

후계자가 결정하는 영역, 전 대표가 자문하는 영역, 전 대표가 대외적으로 지키는 영역. 이 경계가 없으면 자문이 간섭이 되고, 간섭은 결국 권한을 훼손한다. 권한이 훼손되면 승계는 끝나지 않는다. 계속 미완성으로 남는다.

가족이 있는 승계에서는 더 조심해야 한다. 가족은 회사 안에서 가장 가까운 주주이고, 가장 강한 감정의 이해관계자다. 그래서 후계자의 권한을 세울 때, 가족이 '안심할 수 있는 장치'도 함께 있어야 한다.

예를 들어 배당정책이나 보수 기준, 중요한 의사결정의 승인 절차 같은 것들이다. 후계자의 권한은 강해야 하지만, 그 권한이 독단으로 보이면 가족의 불안은 커진다. 불안이 커지면 견제가 커지고, 견제가 커지면 회사는 느려진다. 승계는 권한과 안심을 동시에 설계하는 일이다.

실무에서 가장 효과적인 방법은 '권한 이양 시간표'를 만드는 것이다. 6개월, 1년, 2년 단위로 무엇을 넘길지 정한다. 첫 6개월은 내부 운영의 결정권을 중심으로, 다음 1년은 대외관계의 대표성을 중심으로, 그 다음은 리스크 대응의 최종 판단권까지.

물론 회사마다 순서는 달라질 수 있다. 중요한 건 한 가지다. 시간표가 있어야 권한이 '분위기'가 아니라 '구조'가 된다는 것. 구조가 되면 조직은 덜 흔들린다.

후계자에게 주식을 넘기는 순간은 빠르다. 하지만 후계자에게 대표의 언어를 넘기는 순간은 시간이 필요하다. 조직은 새 대표를 시험한다. 거래처는 새 대표를 관찰한다.

가족은 새 대표를 불안하게 바라보기도 한다. 그때 후계자가 견딜 수 있는 건 의지가 아니라 구조다. 역할이 정리되어 있고, 권한이 문서로 남아 있고, 전 대표의 역할이 경계 지어져 있고, 가족의 안심 장치가 설계되어 있으면 후계자는 흔들려도 무너지지 않는다.

승계는 결국 사람의 변화다. 사람의 변화는 하루에 끝나지 않는다. 그래서 주식보다 먼저 넘겨야 할 것은 역할과 권한이다. 그걸 넘기는 순간, 승계는 비로소 현실이 된다. 회사는 대표의 이름이 아니라 결정의 규칙으로 움직이기 시작한다. 그때 경영권은 숫자가 아니라 구조로 단단해진다.

4. 세금은 마지막에 정리된다 먼저 '숫자 문제'부터 정돈하라

승계 상담에서 가장 먼저 마주치는 건 세율표가 아니라 재무제표의 습관이다. 대표는 회사를 키우느라 바빴고, 숫자는 그 바쁨을 따라오느라 종종 엉킨 채로 남는다.

이익잉여금이 쌓인 이유는 대부분 성실함이다. 남겨두고 버텼고, 투자할 날을 기다렸고, 위기를 대비했다. 그런데 승계의 순간에는 그 성실함이 비용으로 보이기도 한다. 비상장주식의 가치는 결국 회사가 쌓아둔 시간과 기록으로 평가되기 때문이다.

가지급금과 가수금은 더 조용한 문제다. 현장에서는 "잠깐 걸쳐가는 돈"처럼 처리되지만, 세무에서는 "설명되지 않은 돈"으로 남는다. 설명되지 않은 돈은 언젠가 질문을 부른다.

그리고 승계는 질문이 한꺼번에 몰리는 시기다. 대표가 바뀌면, 거래처도 금융기관도 세무서도 같은 질문을 더 단단하게 던진다. "이 회사의 숫자는 믿을 만한가."

그래서 이 장은 절세 기법을 먼저 꺼내지 않는다. 숫자 문제를 정돈하는 일은 세금을 줄이는 기술이기 전에, 승계를 흔들지 않게 만드는 체력 훈련이다.

이익잉여금의 의미를 분해하고, 가지급금과 가수금을 '설명 가능한 문장'으로 바꾸는 순간, 승계는 더 이상 겁나는 이벤트가 아니라 운영 가능한 프로젝트로 내려온다. 세금은 그 다음에야 비로소 정리된다.

4. 세금은 마지막에 정리된다 – 먼저 '숫자 문제'부터 정돈하라

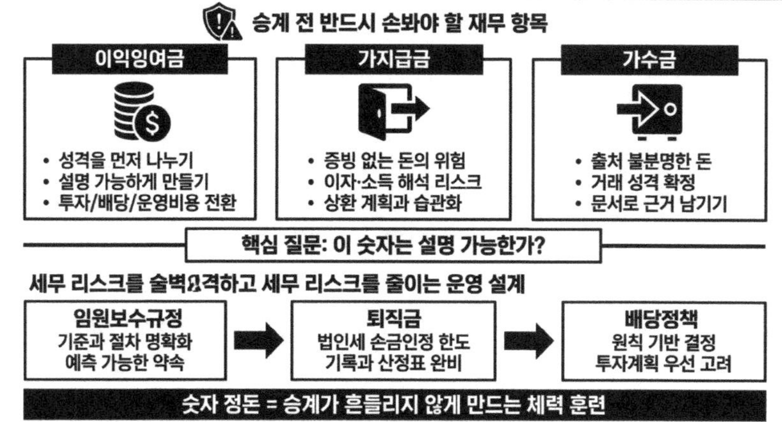

이익잉여금·가지급금·가수금: 승계 전에 반드시 손봐야 할 항목

대표가 가장 많이 하는 말이 있다. "돈은 회사에 다 있어요." 그 말은 자랑이기도 하고, 불안이기도 하다. 회사에 돈이 있다는 건 체력이라는 뜻이지만, 그 돈이 어떤 이름으로 남아 있는지는 또 다른 문제다. 승계의 순간에는 '얼마나 있느냐'보다 '어떤 모양으로 있느냐'가 더 크게 작동한다.

이익잉여금은 회사가 버틴 흔적이다. 외부에서 보면 '남는 돈' 같지만, 대표에게는 '남겨둔 시간'에 가깝다. 거래처가 흔들릴 때도 직원 급여를 지키기 위해, 장비를 바꾸기 위해, 다음 사업을 위해 쌓아둔 돈. 그런데 그 시간이 길어질수록 숫자는 두 얼굴을 갖는다. 한쪽은 안정이고, 다른 한쪽은 승계비용의 바닥이다.

특히 비상장주식의 가치가 재무 기록과 연결되어 있을 때, 이익잉여금의 누적은 주식가치에 영향을 줄 수 있다. 그러면 승계는 "주식을 넘기는 일"이 아니라 "회사 안에 쌓아둔 돈까지 함께 평가받는 일"이 된다. 대표가 '현금은 회사에 있다'고 말하는 순간, 승계의 비용도 함께 커질 수 있다는 뜻이다.

그래서 이익잉여금은 무조건 줄여야 할 숫자가 아니다. 먼저 성격을 나눠야 한다. 정말로 투자로 돌아갈 돈인지, 위기 대비로 남겨둘 돈인지, 관행처럼 쌓여버린 돈인지. 그 다음에야 선택이 생긴다. 배당으로 일부를 꺼내 가족 구성원 간 현금흐름을 만들지, 임원 보수와 상여 구조를 합리화해 '운영의 비용'으로 전환할지, 회사가 필요한 투자 계획으로 '쌓인 돈의 이유'를 문서로 남길지. 핵심은 줄이는 게 아니라 설명하는 것이다.

승계에서 가장 비싼 비용은 "왜 그렇게 했는지 설명이 안 되는 상태"다.

가지급금은 대개 작은 빈틈에서 시작된다. 영수증이 빠졌거나, 거래의 성격이 섞였거나, 대표 개인의 지출이 회사 회계에 잠깐 걸쳐 지나갔거나. 처음에는 누구도 심각하게 보지 않는다.

하지만 시간이 지나면 가지급금은 회사의 신뢰를 갉아먹는다. 숫자가 커질수록 금융기관은 불편해하고, 세무조정은 거칠어지고, 승계 과정에서는 "이 돈의 실체가 무엇인가"라는 질문이 정면으로 들어온다.

가지급금이 위험한 이유는 단순히 계정과목이 나빠서가 아니다. 가지급금은 '증빙이 없는 돈'이라는 표식을 달고 있기 때문이다. 세무에서는 그 표식을 그냥 두지 않는다.

이자라는 이름으로 비용이 붙을 수도 있고, 사용자가 대표나 특수관계인으로 보이면 개인 소득으로 해석될 여지도 생긴다. 그러면 법인은 손금이 막히고, 개인은 소득 문제가 생긴다. 승계 직전에는 이런 리스크가 동시에 터지기 쉽다. 대표가 바뀌는 시기에는 "예전엔 이렇게 해도 됐다"가 더 이상 통하지 않기 때문이다.

정리의 방법은 화려할 필요가 없다. 가지급금은 결국 두 가지 중 하나다.

실제로 회사 비용인데 증빙이 누락된 것이거나, 회사 돈이 개인 쪽으로 흘러간 흔적이거나. 첫 번째라면 증빙을 다시 세우고 거래의 실체를 문장으로 남기면 된다.

두 번째라면 더 단단한 작업이 필요하다. 상환 계획을 세우고, 상환의 통로를 만들고, 반복적으로 줄여나가야 한다. 승계 준비에서 중요한 건 한 번에 없애는 기교가 아니라, 줄어드는 방향이 '습관'으로 고정되는 것이다. 그래야 후계자가 이어받았을 때도 숫자가 다시 자라지 않는다.

가수금은 반대로 '들어온 돈인데 출처가 흐린 상태'다.

가수금이 쌓이면 회사는 잠깐 편해진다. 통장에 돈이 있으니까. 하지만 그 편함은 장부 안에서 불안이 된다. "이 돈은 누구 돈인가." "왜 들어왔나." "언제 어떻게 정리할 건가." 이 질문이 막히면, 가수금은 언젠가 매출로 오해받거나, 누군가의 자금 지원으로 해석되거나, 관계에 따라 다른 세금의 언어로 번역될 수 있다.

가수금은 특히 가족 기업에서 더 조심해야 한다. 부모가 자녀 회사에 돈을 넣었는데 형식이 없으면, 그 순간부터 돈은 '사랑'이 아니라 '거래'로 읽힐 수 있다. 반대로 자녀가 부모에게서 받은 돈을 회사 통장으로 넣었는데 근거가 없으면, 회사의 매출처럼 보일 수도 있다.

승계는 이처럼 감정과 숫자가 맞부딪히는 시기다. 그래서 가수금은 출처를 확인하고, 거래의 성격을 정하고, 그 성격에 맞는 문서로 남기는 것이 핵심이다. 차용인지, 증자인지, 정산인지. 문서가 있어야 숫자는 제자리를 찾는다.

결국 이익잉여금, 가지급금, 가수금은 모두 같은 질문으로 모인다. "이 숫자는 설명 가능한가." 설명이 가능하면 승계는 부드러워진다.

설명이 불가능하면 승계는 세금 문제가 아니라 신뢰 문제가 된다. 숫자 문제를 정돈한다는 건, 회사가 다음 세대로 넘어가도 흔들리지 않을 만큼 '말이 통하는 장부'를 만드는 일이다.

임원보수규정·퇴직금·배당정책: 세무 리스크를 줄이는 운영 설계

승계를 앞두고 회사가 가장 크게 흔들리는 지점은 의외로 사람의 돈이다.

대표가 바뀌면, 구성원은 가장 먼저 묻는다. "우리는 앞으로 어떻게 대우받는가." 가족은 더 민감하게 묻는다. "누가 얼마나 가져가는가." 그리고 세무는 조용히 묻는다. "그 지급은 기준이 있었는가."

임원 보수는 세금의 문제가 아니라 지배구조의 문제다. 보수의 기준이 없으면, 보수는 곧 감정이 된다. 감정이 된 보수는 내부에서 불신을 만들고, 외부에서는 의심을 만든다.

특히 가족이 주주로 남아 있는 구조, 비경영주주가 있는 구조에서는 보수 한 줄이 분쟁의 불씨가 되기 쉽다. "대표가 마음대로 챙겼다"라는 말이 나오면, 그 순간 회사는 숫자 싸움이 아니라 관계 싸움으로 들어간다.

그래서 임원보수규정은 '멋진 문서'가 아니라 '예측 가능한 약속'이어야 한다. 직무와 책임에 따라 보수의 범위를 정하고, 성과급이 있다면 어떤 기준으로 산정되는지 미리 정하고, 조정이 필요할 때는 어떤 절차로 바꾸는지까지 정한다.

중요한 건 금액이 아니라 절차다. 절차가 있으면 사람들은 결과에 불만이 있어도 시스템을 믿는다. 시스템이 있는 회사는 승계 이후에도 덜 흔들린다.

퇴직금은 더 결정적이다. 대표가 물러나는 순간, 퇴직금은 '감사의 표현'이 아니라 '세무의 사건'이 된다. 그래서 승계 직전의 퇴직금 설계는 감정으로 하면 위험하고, 규칙으로 해야 안전하다.

법인세 측면에서도 임원 퇴직급여가 손금으로 인정되는 범위에는 한도가 있고, 그 한도는 직전 사업연도 총급여액과 근속연수 등을 기준으로 계산하는 구조가 시행령에 규정되어 있다.

이 말의 현실적인 의미는 하나다. 퇴직금은 "많이 주면 끝"이 아니라, "기준대로 줬다는 흔적이 남아야 끝"이라는 것. 기준이 없으면 퇴직금은 사후에 다른 이름으로 해석될 수 있고, 회사와 개인 모두에게 부담이 될 수 있다.

그래서 퇴직금은 정관이나 퇴직급여규정, 이사회나 주주총회 의결, 산정표, 지급 기록까지 하나의 흐름으로 남겨야 한다. 승계는 결국 '기록의 싸움'이다. 퇴직금은 그 싸움에서 가장 큰 숫자 중 하나다.

배당정책은 가족과 회사를 동시에 살리는 장치가 될 수 있다. 승계 이후 비경영주주가 남는 구조에서는 배당이 없으면 불안이 커지고, 불안이 커지면 경영권이 흔들린다. 반대로 배당이 무리하면 회사의 현금흐름이 흔들린다. 그래서 배당정책은 "얼마를 주겠다"가 아니라 "어떤 원칙으로 주겠다"가 되어야 한다.

예를 들어 이런 식이다. 회사의 투자 계획과 운영자금 기준을 먼저 정하고, 그 다음에 남는 범위에서 배당 가능성을 검토한다.

배당은 매년 협상으로 만들지 말고, 매년 같은 질문으로 결정하게 만든다. "올해 우리가 지켜야 할 투자와 안전자금은 무엇인가." "그 이후 주주에게 돌려줄 수 있는 몫은 얼마인가." 질문이 같으면, 갈등의 온도는 내려간다.

임원보수, 퇴직금, 배당정책은 서로 분리된 항목처럼 보이지만 승계에서는 한 덩어리로 움직인다. 보수가 기준 없이 흔들리면 배당이 공격받고, 배당이 흔들리면 퇴직금이 의심받고, 퇴직금이 커지면 보수가 다시 공격받는다.

그래서 이 세 가지는 동시에 정돈해야 한다. 기준을 만들고, 의결을 남기고, 기록을 축적하는 방식으로.

승계는 결국 회사가 '사람의 마음'으로 굴러가던 방식을 '규칙의 반복'으로 바꾸는 과정이다. 세무 리스크를 줄이는 운영 설계는 절세의 꼼수가 아니다. 후계자가 회사를 이어받았을 때, 숫자 때문에 흔들리지 않게 하는 안전장치다.

임원보수규정은 조직의 납득을 만들고, 퇴직금 규정은 큰 숫자를 안전하게 만들며, 배당정책은 가족의 불안을 관리한다. 이 셋이 갖춰지는 순간, 승계는 더 이상 세금의 공포가 아니라 경영의 연장이 된다.

5. 승계를 망치는 변수 대표 리스크와 법적 리스크

승계를 준비하는 대표들은 보통 세금을 먼저 떠올린다. 그런데 현장에서 승계를 멈추게 하는 건 세금보다 더 빠른 변수들이다. 대표가 갑자기 아프거나, 사고로 자리를 비우거나, 한 번의 보증채무가 회사의 숨통을 조이거나. 그 순간 승계는 계획이 아니라 응급상황이 된다.

그리고 법적 리스크는 늘 조용히 자란다. 안전은 현장의 일로만 남아 있다가 사고 한 번에 경영의 일이 되고, 노무는 사람 사이의 문제로만 보이다가 소송 한 번에 재무의 문제가 된다. 컴플라이언스는 대기업 이야기 같지만, 거래처가 커지고 공공사업이 섞이는 순간 중소기업도 같은 질문을 받는다. 우리는 규정을 지키는 회사인가.

이 장은 승계를 '진행시키는 방법'이 아니라 '멈추지 않게 하는 방법'을 다룬다. 대표 개인에게 묶여 있는 위험을 구조로 분리하고, 사고가 일어나도 회사가 흔들리지 않도록 절차와 기록을 남기는 것.

결국 승계의 성공은 후계자의 역량만으로 결정되지 않는다. 위기가 와도 회사가 멈추지 않는 설계가 되어 있는가. 그 질문에 답하는 장이다.

5. 승계를 망치는 변수 - 대표 리스크와 법적 리스크

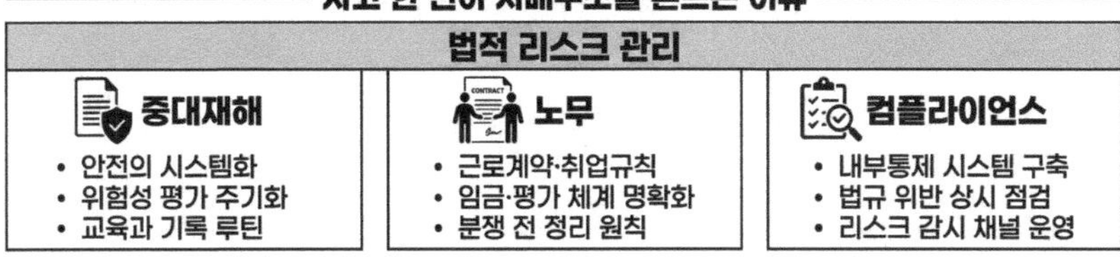

대표 유고·건강·보증채무: 리스크가 승계를 멈추는 순간

승계를 미루는 대표에게 나는 종종 한 문장으로 되묻는다. 대표님이 한 달만 자리를 비우면 회사는 어떻게 되나요. 대부분은 웃다가, 잠깐 멈춘다. 그 멈춤이 현실이다.

대표 유고는 특별한 사건이 아니다. 건강은 갑자기 무너지고, 사고는 예고하지 않고, 가족의 일정도 회사의 리듬을 흔든다. 문제는 회사가 그 변수를 '개인의 문제'로만 두고 있을 때다. 그때 회사는 멈춘다. 멈추면 승계는 더 늦어진다. 늦어지면 비용은 커진다. 결국 승계는 세금이 아니라 시간의 문제로 무너진다.

현장에서 가장 흔한 병목은 권한이다. 거래처와의 단가 협상, 금융기관과의 의사결정, 인사 최종 승인, 중요한 발주와 결재.

이 모든 것이 대표 손끝에 걸려 있으면, 대표가 비우는 순간 회사의 결재선이 아니라 회사의 혈관이 막힌다. 후계자가 있어도 소용이 없다. 명함은 바뀌었는데, 권한의 언어가 바뀌지 않았기 때문이다.

그래서 첫 번째 처방은 단순하다.

대표의 일을 역할로 분해하는 것이다. 대표가 직접 하는 일을 적어보면 의외로 '대표만 할 수 있는 일'은 많지 않다. 다만 대표가 해왔기 때문에 대표가 하는 일로 남아 있을 뿐이다. 이 작업이 시작되면 후계자에게 무엇을 넘겨야 하는지가 보인다. 그리고 그때부터 승계는 선언이 아니라 훈련이 된다.

두 번째는 유고 시나리오를 문서로 만드는 일이다.

회사는 위기 상황에서 더 단순한 규칙을 원한다. 누가 대리결재를 하는지, 어떤 금액까지 가능한지, 어떤 계약은 반드시 이사회나 주주총회 의결이 필요한지, 금융기관은 누구와 소통하는지. 이 문서가 없으면 위기 때 사람들은 결정을 미룬다. 결정이 미뤄지면 손실이 커진다. 손실이 커지면 그 책임을 두고 또 흔들린다.

세 번째는 대표 건강 리스트를 감정이 아니라 운영으로 다루는 것이다.

건강검진을 하라는 말이 아니다. 대표 건강의 변화가 회사의 운영에 어떤 영향을 주는지, 그 영향을 줄이려면 어떤 자리들이 분산되어야 하는지. 대표가 현장에 상주하지 못하는 시기가 와도 돌아가게 만드는 구조가 필요하다.

이때 중요한 건 '대체 인력'이 아니라 '대체 프로세스'다. 사람이 바뀌어도 작동하는 절차, 누가 맡아도 같은 기준으로 처리되는 결재, 보고의 형식, 기록의 습관. 이것이 있어야 대표의 건강이 회사의 건강을 흔들지 않는다.

그리고 마지막이 보증채무다. 보증은 회사가 약할 때 거래를 가능하게 했던 지렛대였지만, 시간이 지나면 승계를 가로막는 벽이 된다. 대표 개인의 보증이 남아 있으면 후계자는 시작부터 방어적이 된다.

회사가 어떤 투자를 하든, 거래처를 넓히든, 금융을 늘리든, 결국 위험은 대표 개인에게 귀속될 수 있다는 감각이 남기 때문이다. 방어적으로 시작한 승계는 확장을 못 한다. 확장을 못 하는 회사는 시장에서 밀린다.

보증을 줄이는 작업은 단번에 끝나지 않는다. 그래서 더더욱 '지금' 해야 한다. 어떤 보증이 어디에 남아 있는지, 계약서와 약정서를 모아 한 장으로 정리하는 순간부터 길이 열린다.

거래처 보증인지, 금융기관 약정인지, 리스인지, 납품 계약인지. 성격이 다르면 접근도 다르다. 어떤 것은 실적과 담보로 재협상을 시도할 수 있고, 어떤 것은 법인 신용과 내부통제 강화로 조건을 바꿀 수 있으며, 어떤 것은 계약 구조 자체를 바꿔야 한다.

이 과정에서 컨설턴트가 할 일은 겁을 주는 것이 아니라 순서를 만들어주는 것이다. 보증을 없애겠다는 구호가 아니라, 보증의 규모를 줄이고 범위를 제한하고 기간을 나누는 현실적인 로드맵. 그리고 그 로드맵에 후계자도 참여시키는 것.

승계는 결국 책임을 넘기는 일이기 때문이다. 책임을 모른 채 받는 지분은 축복이 아니라 부담이 된다.

대표 유고와 건강, 보증채무는 결국 같은 질문으로 모인다. 이 회사는 대표 한 사람의 생애에 묶여 있는가, 아니면 구조로 움직이는가. 승계를 멈추는 순간은 대부분 외부가 아니라 내부에서 온다. 내부의 병목을 풀어놓는 회사만이, 승계를 계획으로 끝까지 가져간다.

대표가 바뀌는 시기는 회사의 표정이 가장 예민해지는 때다. 권한이 이동하고, 관계가 재정렬되고, 내부의 긴장도 높아진다.

그때 한 번의 사고가 터지면, 승계는 '다음 단계'로 가는 것이 아니라 '이전 상태'로 후퇴한다. 조직은 다시 강한 한 사람을 찾고, 거래처는 다시 옛 대표에게 연락하고, 가족은 다시 불안해진다. 사고는 단지 손실이 아니라 지배구조를 되감는 힘을 갖는다.

중대재해 리스크는 이제 현장만의 문제가 아니다. 안전이 구호로 남아 있으면, 사고는 언젠가 발생한다. 그리고 사고가 발생하는 순간 회사는 질문을 받는다. 우리는 위험을 알고도 방치했는가, 아니면 위험을 관리하려고 노력했는가. 이 질문은 감정으로 답할 수 없다. 절차와 기록으로만 답할 수 있다.

그래서 중대재해 리스크 대응의 핵심은 '안전의 시스템화'다. 누가 무엇을 확인하는지, 위험성 평가는 어떤 주기로 하는지, 교육은 어떤 방식으로 진행하고 어떤 형태로 남기는지, 외주와 협력업체는 어떤 기준으로 관리하는지.

대표가 바뀌어도 변하지 않는 안전의 루틴이 있어야 한다. 루틴이 없으면 안전은 담당자의 성실함에 매달리고, 담당자가 바뀌면 안전은 흔들린다. 안전이 흔들리면 회사의 신뢰가 흔들린다.

노무 리스크도 같은 결이다. 노무는 사람의 문제로 보이지만, 결국 문서의 문제로 돌아온다. 근로계약서의 공백, 취업규칙의 미비, 임금 체계의 불명확함, 초과근로와 휴게시간의 기록 부재.

평소에는 "우리끼리 좋게" 넘어가던 것들이, 대표가 바뀌는 시기에 "이제는 명확히 해달라"로 변한다. 요구가 커져서가 아니다. 불확실성이 커졌기 때문이다.

승계 직후 노무 분쟁이 발생하면 회사는 두 번 흔들린다. 한 번은 비용으로 흔들리고, 한 번은 분위기로 흔들린다.

소송이나 진정이 길어질수록 조직은 말이 많아지고, 말이 많아질수록 새 대표의 권위는 약해진다. 권위가 약해지면 의사결정이 느려지고, 느려진 회사는 더 큰 비용을 부른다. 그래서 노무는 '사건이 터지면 해결'이 아니라 '터지기 전에 정리'가 정답이다.

정리의 출발점은 거창하지 않다. 회사에서 자주 반복되는 쟁점을 먼저 고정한다. 직무와 평가 기준, 연봉과 수당 체계, 성과급 지급 기준, 징계 절차, 휴가와 근태 기록. 이 항목들이 정리되면 조직은 의심 대신 예측을 갖게 된다. 예측이 생기면 불필요한 분쟁은 줄어든다.

컴플라이언스는 멀리 있는 단어 같지만, 승계의 시기에는 가장 가까운 단어가 된다. 거래처가 커질수록 계약서의 조항이 길어지고, 공공기관이나 대기업과 거래가 섞일수록 윤리와 준법의 질문이 따라온다.

내부거래의 투명성, 리베이트와 접대의 경계, 개인정보와 정보보안, 하도급과 납품의 공정성. 예전엔 "관행"이라고 넘기던 것들이 "규정"으로 돌아오는 시대다.

컴플라이언스가 무서운 이유는 그것이 회계나 노무처럼 '한 파트의 문제'가 아니라는 데 있다.

한 번의 위반이 회사 전체의 거래를 막기도 하고, 대표 개인의 책임으로 이어지기도 한다. 그리고 그 순간 승계는 다시 멈춘다. 새 대표가 전면에 서야 할 때, 회사는 방어 모드로 들어가고, 조직은 다시 혼란을 겪는다.

그래서 승계가 있는 회사의 컴플라이언스는 '완벽'이 아니라 '기본의 반복'으로 설계해야 한다.

누구나 아는 원칙을, 누구나 같은 방식으로 지키게 만드는 것. 금지 항목을 크게 붙여놓는 것이 아니라, 계약 검토의 절차를 만들고, 승인 권한을 나누고, 예외를 기록하게 만드는 것. 준법은 교육이 아니라 구조에서 작동한다.

이 세 가지 리스크는 결국 하나로 합쳐진다. 회사가 사람의 성실함으로만 굴러가면, 사고는 곧바로 지배구조의 문제로 번진다. 반대로 회사가 절차와 기록으로 굴러가면, 사고가 나도 회사는 무너지지 않는다. 승계를 망치는 변수는 '사고' 그 자체가 아니라, 사고가 왔을 때 회사가 설명할 수 있는 언어가 없다는 데서 커진다.

그래서 이 장의 결론은 단순하다. 승계를 준비한다는 것은 후계자를 키우는 일만이 아니다. 사고가 나도 회사가 흔들리지 않게, 노무가 불거져도 회사가 멈추지 않게, 준법 질문이 와도 회사가 당황하지 않게 만드는 일이다.

그 준비가 되어 있는 회사는 승계를 두려워하지 않는다. 위기가 와도, 승계는 계속 진행된다. 그게 진짜 경영의 연장이다.

6. 법인컨설턴트가 되려면 승계를 '프로젝트'로 운영하라

승계 컨설팅은 한 번의 제안으로 끝나지 않는다. 어떤 대표는 세무사에게 맡기면 되는 일이라고 생각하고, 어떤 설계사는 좋은 상품 하나로 해결할 수 있다고 믿는다.

그런데 승계는 상품도, 서류도, 세무도 모두 필요하지만 그것만으로는 완성되지 않는다. 승계는 회사의 권한, 가족의 합의, 숫자의 정리, 리스크의 분리, 그리고 실행의 순서가 한 줄로 이어질 때 비로소 앞으로 간다.

그래서 법인컨설턴트에게 필요한 건 '지식'보다 '운영'이다. 무엇을 먼저 묻고, 무엇을 나중에 꺼내고, 누가 언제 결정해야 하며, 어떤 문서가 어떤 회의에서 확정되어야 하는지. 이 흐름을 프로젝트처럼 붙잡아야 한다.

중간에 대표의 마음이 흔들리고, 가족의 온도가 바뀌고, 회사의 실적이 출렁여도 멈추지 않게 만드는 방식. 그게 프로젝트 운영이다.

이 장은 상담의 첫 질문에서 시작해, 로드맵으로 실행을 묶고, 현장 자료를 '증거'로 쌓아가며, 마지막에는 점검과 커뮤니케이션으로 끝까지 끌고 가는 방법을 다룬다.

승계는 결심이 아니라 일정이고, 일정은 관리되는 순간 현실이 된다. 그때 컨설턴트는 판매자가 아니라, 회사의 시간을 지키는 운영자가 된다.

6. 법인컨설턴트가 되려면 – 승계를 '프로젝트'로 운영하라

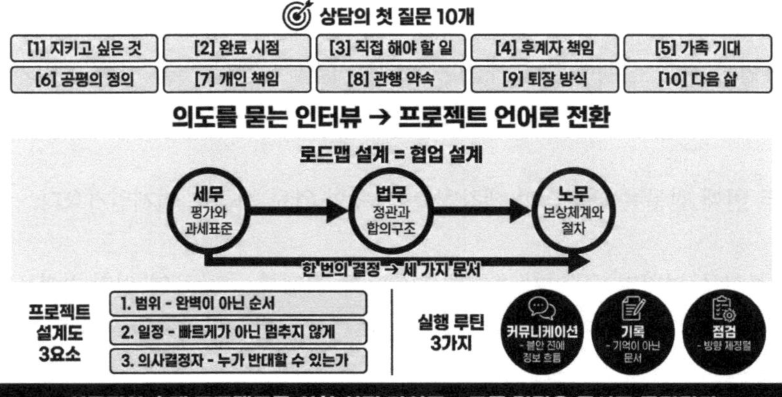

CEO 상담에서 가장 흔한 실수는 너무 빨리 해결책을 꺼내는 것이다.

대표는 보통 "세금이 걱정입니다"라고 말하지만, 그 말 뒤에는 다른 문장이 숨어 있다. "회사가 흔들리지 않았으면 합니다." "가족이 갈라지지 않았으면 합니다." "내가 없어도 돌아갔으면 합니다." 이 문장을 듣지 못하면, 컨설턴트는 숫자만 만지다가 사람을 놓친다.

그래서 첫 미팅에서 나는 숫자보다 먼저 의도를 묻는다. 의도는 감성이 아니라 방향이다.

방향이 없으면 실행은 흩어지고, 흩어지면 승계는 다시 '언젠가'가 된다. 아래 질문들은 정답을 얻기 위한 질문이 아니라, 승계를 '프로젝트'로 바꾸기 위한 질문이다. 질문이 깊어질수록 대표는 안심하고, 안심할수록 결정은 빨라진다.

첫 번째 질문은 대표님이 이 회사를 통해 끝까지 지키고 싶은 한 가지가 무엇인가요다.

기술인지, 거래처인지, 사람인지, 지역인지, 이름인지. 지키고 싶은 것이 선명하면 이후의 선택이 단순해진다. 승계는 결국 포기할 것을 정하는 일이기도 하다.

두 번째 질문은 대표님이 생각하는 승계의 완료 시점은 언제인가요다.

"주식을 넘기면 끝"인지, "후계자가 단독 결재를 시작하면"인지, "대표가 현장을 떠나도 매출이 유지되면"인지. 완료의 정의가 달라지면 일정도 달라진다.

세 번째 질문은 대표님의 역할 중 지금도 직접 해야만 하는 일이 무엇인가요다.

거래처 협상, 금융기관 대응, 인사 최종 승인, 가격 결정, 투자 판단. 이 질문은 권한의 병목을 찾는다. 병목이 풀리지 않으면 후계자는 성장할 공간이 없다.

네 번째 질문은 후계자가 정해져 있나요, 정해져 있다면 지금 무엇을 책임지고 있나요다.

직함이 아니라 책임을 묻는다. 책임이 없으면 연습이 없고, 연습이 없으면 승계는 이벤트가 된다. 이벤트 승계는 위기에 약하다.

다섯 번째 질문은 가족 구성원 중 경영에 참여하지 않는 분들의 기대는 무엇인가요다.

지분을 갖고 있는지, 생활비는 어떻게 마련하고 있는지, 배당을 기대하는지, 보상 방식은 합의된 적이 있는지. 비경영 주주의 불안은 결국 회사로 돌아온다.

여섯 번째 질문은 대표님이 생각하는 공평이 무엇인가요다.

똑같이 나누는 공평인지, 기여와 책임에 따른 공평인지, 혹은 분쟁이 없으면 공평인 건지. 이 질문을 피해가면, 언젠가 세금보다 큰 비용이 생긴다. 합의의 언어가 없는 집은 서류의 언어로 싸우게 된다.

일곱 번째 질문은 대표 개인 명의로 남아 있는 책임이 무엇인가요다.

보증채무, 담보 제공, 개인 명의 계약, 소송 가능성, 인허가 명의. 승계에서 가장 위험한 건 '지분은 옮겼는데 책임이 안 옮겨진 상태'다. 새 대표는 시작부터 방어적으로 된다.

여덟 번째 질문은 회사 안에 관행으로만 존재하는 약속이 있나요다.

임원보수, 성과급, 가족 급여, 차량과 법인카드 사용, 퇴직금 산정 방식, 거래처 접대 기준. 관행은 대표가 있을 때는 빠르지만 대표가 바뀌면 분쟁이 된다.

아홉 번째 질문은 대표님의 퇴장 방식은 무엇인가요다.

완전 은퇴인지, 자문 역할인지, 대외관계인지, 핵심 고객 관리인지. 퇴장은 사라지는 게 아니라 역할을 바꾸는 일이다. 퇴장 방식이 정리되면 승계는 덜 아프다.

열 번째 질문은 승계 이후 대표님이 어떤 삶을 살고 싶은가요다.

이 질문은 감성처럼 보이지만 가장 실무적이다. 대표의 다음 삶이 준비되어 있을수록 승계는 빨라진다. 다음 삶이 비어 있으면 대표는 무의식적으로 권한을 붙잡는다.

이 열 가지 질문을 던지고 나면, 상담의 공기가 달라진다.

대표는 "세금이 얼마냐"를 묻기 전에 "내가 무엇을 지키고 싶은지"를 말하게 된다. 그 말이 나오면 컨설턴트는 길을 만든다. 그리고 길이 생기면 숫자는 그 길 위에서 의미를 갖는다. 승계 인터뷰의 목적은 답을 듣는 것이 아니라, 승계를 '프로젝트로 운영할 수 있는 언어'로 바꾸는 데 있다.

승계 컨설팅에서 멋진 제안서는 쉽게 나온다. 문제는 제안서가 실행으로 잘 이어지지 않는다는 데 있다. 승계는 세무의 영역 같지만 법무가 없으면 권리가 흔들리고, 노무가 없으면 사람이 흔들린다.

사람과 권리가 흔들리면 숫자는 아무 소용이 없다. 그래서 승계를 프로젝트로 운영한다는 말은 협업을 '감각'이 아니라 '설계'로 만든다는 뜻이다.

로드맵은 일정표가 아니다. 의사결정의 순서와 책임의 경계를 한 장으로 정리한 설계도다.

무엇을 언제 확정할지, 누가 승인할지, 어떤 문서가 남아야 하는지, 어떤 리스크를 어느 시점에 줄일지. 이 흐름이 없으면 대표는 매번 같은 질문을 반복하고, 컨설턴트는 매번 같은 설명을 하다가 지친다. 지친 프로젝트는 멈춘다.

첫 단계는 진단이다.

재무제표만 보는 진단이 아니라 구조를 보는 진단이다. 주주 구성과 의결권, 정관의 핵심 조항, 대표 개인 보증과 담보, 임원보수와 퇴직금 산정 기준, 이익잉여금과 가지급금, 핵심 인력의 이탈 가능성, 안전과 노무 리스크의 현주소. 승계 진단은 한 번에 끝내는 보고서가 아니라, 앞으로 6개월에서 2년까지 이어질 질문의 지도다.

둘째 단계는 목표를 숫자가 아니라 문장으로 합의하는 일이다.

'절세'는 목표가 될 수 있지만 단독 목표가 되면 위험하다. 절세만 목표로 잡으면 가족 합의와 지배구조 정리는 늘 뒤로 밀린다. 그래서 목표 문장은 이렇게 잡는 편이 좋다.

경영권을 흔들리지 않게 유지한다. 비경영주주의 현금흐름을 예측 가능하게 만든다. 대표 개인 리스크를 분리한다. 세금은 그 결과로 관리 가능한 범위로 낮춘다. 목표 문장이 생기면 로드맵의 우선순위가 정해진다.

셋째 단계는 역할 분담이다.

세무, 법무, 노무는 서로의 일을 대신할 수 없다. 세무는 평가와 과세표준의 근거를 만든다. 법무는 정관, 주주 간 합의, 이사회 운영과 의결 구조를 만든다.

노무는 임원과 핵심 인력의 보상 체계, 직무 권한, 취업규칙과 내부 절차가 실제로 작동하게 만든다. 컨설턴트는 이 세 영역을 연결해 "한 번의 결정"이 "세 가지 문서"로 남게 해야 한다. 연결이 끊기면 같은 결정을 세 번 하게 되고, 그때부터 회사는 피곤해진다.

넷째 단계는 마일스톤을 만드는 일이다.

승계 로드맵은 보통 이렇게 나뉜다. 1단계 권한 이전의 연습 구간, 2단계 소유 이전의 실행 구간, 3단계 사후관리와 운영 안정의 고정 구간. 여기서 중요한 건 지분 이전을 너무 앞당기지 않는 것이다.

지분은 하루에 옮길 수 있지만, 권한과 신뢰는 시간이 필요하다. 후계자가 결정을 해보고 조직이 그 결정을 경험해보는 시간이 먼저다. 그 시간이 없으면 승계는 문서로만 남고 현장에서 흔들린다.

다섯째 단계는 회의체 운영이다.

승계 프로젝트는 회의가 많아서 망하는 게 아니라, 회의가 기록되지 않아서 망한다. 어떤 결정을 했는지, 누가 무엇을 하기로 했는지, 다음 회의까지 어떤 자료가 필요한지.

회의록은 귀찮은 문서가 아니라 프로젝트의 안전장치다. 특히 가족이 얽힌 승계에서는 기억이 다르고 감정이 섞인다. 기록이 있어야 감정이 사실을 덮지 못한다.

마지막 단계는 점검이다. 승계는 완료 버튼이 없다.

첫해는 변수의 해다. 거래처 반응, 내부 권한 마찰, 가족 기대 변화, 후계자의 리더십 적응. 그래서 로드맵에는 점검 일정이 들어가야 한다. 분기 점검, 반기 점검, 연간 점검. 중요한 건 빈도가 아니라 같은 기준으로 반복하는 것이다. 같은 기준이 반복되면 예외가 줄고, 예외가 줄면 리스크도 줄어든다.

결국 컨설턴트의 기술은 제안서를 쓰는 능력이 아니라, 결정이 실행으로 넘어가게 만드는 능력이다.

세무의 숫자를 법무의 문장으로 연결하고, 법무의 문장을 노무의 절차로 연결하며, 그 절차가 회사의 습관이 되도록 반복시키는 능력. 승계를 프로젝트로 운영한다는 말은 그 반복을 끝까지 책임진다는 뜻이다. 그 책임이 있는 컨설턴트만이, CEO에게 '절세'가 아니라 '지속성'을 선물할 수 있다.

승계 프로젝트의 설계도: 범위·일정·의사결정자를 먼저 고정하라

프로젝트는 시작할 때 이미 절반이 결정된다. 승계도 같다. 시작이 흐리면 끝은 더 흐려진다. 그래서 승계 프로젝트를 운영하는 컨설턴트는 첫 장에서 세 가지를 고정한다.

범위, 일정, 의사결정자. 이 세 가지가 고정되면 회사는 움직인다. 고정되지 않으면 회사는 계속 "나중에"를 말한다.

범위는 무엇을 이번 프로젝트에서 끝낼 것인지 정하는 일이다.

승계는 손대면 끝이 없다. 지분, 정관, 가족 합의, 세금, 이익잉여금, 가지급금, 임원보수, 퇴직금, 배당, 보증채무, 노무, 안전, 컴플라이언스. 다 중요하다. 하지만 한 번에 다 하려는 순간 프로젝트는 늪이 된다. 그래서 범위는 '완벽'이 아니라 '순서'로 잡는다.

이번 분기에는 현황 진단과 리스크 지도 작성. 다음 분기에는 지배구조 기본 정리와 정관 개정 초안. 그 다음에는 후계자 권한 이전과 배당정책 합의. 그리고 마지막에 소유 이전과 세무 실행. 이렇게 쪼개면 대표도 숨을 쉰다.

일정은 마감이 아니라 호흡이다.

대표는 늘 바쁘다. 바쁜 대표에게 "시간 내세요"는 도움이 되지 않는다. 대신 일정은 대표의 현실을 기준으로 설계해야 한다. 월말 결산, 성수기, 거래처 감사 시즌, 인허가 일정, 가족 행사. 승계 프로젝트가 현실과 충돌하면 진행이 느려지고, 느려진 프로젝트는 늘 세금보다 큰 비용을 만든다.

그래서 일정은 '가능한 빠르게'가 아니라 '멈추지 않게'로 잡는다. 한 번 멈추면 다시 재가동하는 데 더 큰 에너지가 든다.

의사결정자는 승계 프로젝트의 심장이다.

회사는 대표가 결정한다고 믿지만, 승계에서는 대표만으로 결정되지 않는 순간이 많다. 가족이 있고, 공동주주가 있고, 핵심 임원이 있고, 때로는 외부 투자자가 있다.

그래서 컨설턴트는 질문을 바꿔야 한다. 누가 결정권자인가가 아니라, 누가 반대할 수 있는가. 반대할 수 있는 사람이 프로젝트에 참여하지 않으면, 마지막 단계에서 승계는 멈춘다.

그때 대표는 말한다. "왜 이제 와서 이걸 말하죠." 사실은 그 사람이 처음부터 그 마음을 갖고 있었을 뿐이다.

그래서 승계 프로젝트에는 이해관계자 지도가 필요하다.

경영 주체, 비경영주주, 배우자, 형제자매, 핵심 임원, 재무 담당자, 인사 담당자, 외부 전문가. 이들을 한 장에 올려놓고, 누가 어떤 단계에서 어떤 형태로 참여해야 하는지 정한다. 참여의 방식은 다양하다.

전면 참여가 부담스럽다면 중간 보고로 참여시키고, 합의가 필요한 사안만 별도 미팅으로 분리할 수도 있다. 중요한 건 "아예 모르게 하지 않는 것"이다. 승계는 모를수록 불안해지고, 불안해질수록 반대가 커진다.

프로젝트 설계도에는 또 하나가 들어가야 한다. 자료의 표준화다.

승계는 말이 아니라 근거로 진행된다. 지분 명부, 정관, 주주총회 의사록, 이사회 의사록, 임원 계약서, 보수규정, 퇴직금 규정, 재무제표, 세무조정계산서, 가지급금 내역, 가수금 내역, 보증 약정서, 주요 계약서, 인허가 문서.

자료가 흩어져 있으면 프로젝트는 계속 '찾는 시간'에 잡아먹힌다. 그래서 자료를 한 번에 모으는 작업은 단순한 행정이 아니라, 승계의 속도를 결정하는 첫 실행이다.

마지막으로 범위와 일정, 의사결정자가 고정되면 프로젝트에는 리스크 관리가 들어간다. 승계에서 리스크는 문제가 아니라 변수다.

대표 건강 변수, 거래처 이슈, 소송, 사고, 가족 갈등, 실적 하락. 변수를 없앨 수는 없다. 대신 변수가 왔을 때 프로젝트가 무너지지 않게 설계할 수는 있다. 중요한 건 변수를 인정하고, 변수가 와도 다음 행동이 정해져 있게 만드는 것이다. 그게 프로젝트 운영의 힘이다.

승계를 프로젝트로 운영한다는 것은 결국 이런 말이다. 잘될 때만 하는 게 아니라, 흔들릴 때도 진행되게 만드는 것. 범위와 일정과 의사결정자를 먼저 고정하는 순간, 승계는 막연한 두려움이 아니라 관리 가능한 일정이 된다.

승계 프로젝트는 멋지게 시작했다가 조용히 사라지는 경우가 많다. 시작은 늘 뜨겁다. 대표도 불안을 느끼고, 가족도 필요성을 인정하고, 컨설턴트도 그림을 그린다. 그런데 3개월만 지나면 현실이 들어온다. 바쁜 일정, 실적 변동, 거래처 문제, 인사 이슈. 그때 프로젝트를 살리는 건 지식이 아니라 루틴이다.

첫째는 커뮤니케이션 루틴이다.

승계는 이해관계자가 많을수록 소문이 빠르다. 소문은 사실보다 먼저 움직인다. 그래서 컨설턴트는 소문이 생기기 전에 정보의 흐름을 만들어야 한다.

월 1회 대표 브리핑, 분기 1회 핵심 이해관계자 공유, 단계별 의결 전 사전 설명. 이 루틴이 있으면 사람들은 불안을 덜 느낀다. 불안이 줄면 반대도 줄어든다. 승계에서 반대는 대개 악의가 아니라 불안에서 나온다.

둘째는 기록 루틴이다.

승계는 기억으로 하면 반드시 틀어진다. 가족은 같은 대화를 듣고도 다르게 기억하고, 임원은 같은 지시를 받아도 다르게 해석한다. 그래서 기록은 감정을 막는 벽이 아니라, 관계를 지키는 장치다.

무엇을 결정했는지, 보류한 이유는 무엇인지, 다음 단계에서 누구의 결재가 필요한지, 어떤 자료가 준비되어야 하는지. 이 기록이 쌓이면 프로젝트는 다시 시작하기 쉬워진다. 반대로 기록이 없으면 한 번 멈춘 프로젝트는 다시 켜지기 어렵다.

셋째는 점검 루틴이다.

승계는 계획대로만 진행되지 않는다. 그래서 점검은 오류를 찾기 위한 시간이 아니라 방향을 재정렬하는 시간이다. 점검에서 확인할 것은 세 가지다.

일정이 현실과 충돌하고 있지 않은지, 의사결정자가 바뀌지 않았는지, 리스크가 새로 생기지 않았는지. 이 세 가지만 정기적으로 확인해도 프로젝트는 크게 흔들리지 않는다. 큰 흔들림은 대부분 작은 어긋남이 쌓여서 온다.

넷째는 결정의 문장화다.

승계 프로젝트에서 대표가 가장 자주 하는 말은 "그건 나중에 보죠"다. 나중에는 대개 오지 않는다. 그래서 컨설턴트는 결정을 '선택지'가 아니라 '문장'으로 만들어줘야 한다.

예를 들어 이렇게 정리한다. 후계자는 언제부터 어떤 금액까지 단독 결재한다. 배당은 어떤 기준으로 결정한다. 비경영주주의 현금흐름은 어떤 방식으로 보완한다.

대표의 보증채무는 어떤 순서로 줄여간다. 안전과 노무는 어떤 절차로 기록한다. 문장이 생기면 조직은 움직인다. 문장이 없으면 조직은 눈치를 본다.

다섯째는 작은 승리를 설계하는 것이다.

승계는 길다. 긴 프로젝트는 중간에 성취가 없으면 지친다. 그래서 중간

산출물이 필요하다. 지분과 정관 같은 큰 의결만 산출물이 아니다. 가지급금 정리 계획 확정, 임원보수규정 초안 확정, 대표 개인 보증 리스트업 완료, 후계자 결재선 1단계 적용, 핵심 거래처 커뮤니케이션 완료.

이런 작은 승리가 쌓이면 대표는 프로젝트를 '진행 중'으로 느낀다. 진행 중으로 느껴지는 프로젝트는 멈추지 않는다.

마지막으로, 컨설턴트가 끝까지 끌고 가려면 스스로의 역할을 오해하지 않아야 한다.

컨설턴트는 해결사가 아니라 운영자다. 답을 말하는 사람이 아니라, 결정을 하게 만드는 사람이다. 그리고 결정을 한 뒤에 그 결정이 조직에서 반복되도록 붙잡는 사람이다.

승계는 한 번의 멋진 설명으로 완성되지 않는다. 같은 기준을 여러 번 말하고, 같은 절차를 여러 번 확인하고, 같은 문장을 여러 번 남기는 반복으로 완성된다.

승계를 프로젝트로 운영한다는 말은 결국 이런 뜻이다.

대표의 인생과 회사의 시간이 겹치는 구간에서, 흔들리는 날에도 멈추지 않게 만드는 것. 커뮤니케이션과 기록과 점검이 루틴이 되는 순간, 승계는 '언젠가'가 아니라 '지금' 진행되는 경영이 된다.

에필로그

흔들리는 삶을 관통하는 구조적 설계의 힘

책의 여정을 마무리하며, 우리의 기억 속에 오래도록 각인된 장면들은 거대한 재무적 성공이 아닌, 지극히 인간적이고 사소한 순간들이었습니다.

잔액 알림이 멈춘 달의 막연한 불안감, 사고 현장 대신 병원 복도에서 서류를 붙잡고 서 있던 막막함, 핵심 인재의 퇴사를 앞두고 깊은 고민에 잠겼던 경영자의 고독한 한숨, 그리고 '우리의 기업은 다음 세대로 어떻게 이어져야 하는가'라는 본질적 질문 앞에 찾아왔던 묵직한 침묵까지.

우리는 삶과 경영의 현장에서 돈을 '객관적인 숫자'로 다루려 하지만, 결국 돈의 흐름은 '가장 예민한 감정'으로 체화됩니다. 그렇기에 이 책이 제시하는 핵심 결론은 명료합니다.

인생과 비즈니스는 예기치 않은 사건 자체를 피하는 게임이 아니라, 그 사건의 파고를 만나더라도 시스템적으로 무너지지 않도록 설계하는 '구조화의 연속'이라는 것입니다. 이 구조는 화려한 전략 문서가 아닌, 일상을 지탱하는 작고 일관된 실천에서 시작됩니다.

기록은 불필요한 어지러움을 정돈하고, 명확한 구조는 리스크를 책임 있게 분산하며, 합의된 기준은 감정적 동요를 잠재시키는 역할을 합니다. 이 설계의 과정을 통해 불안은 완전히 소멸되지 않더라도, 최소한 관리 가능한 영역으로 축소될 수 있습니다.

이제 책을 덮고 독자님께 구체적인 제안을 드리고자 합니다.

오늘, 단 하나의 실행 과제를 선택해 보십시오.

흔들림 없는 내일을 위한 구조화 실천 목록 (Actionable Checklist)**:**

노후 소득의 시점 명료화: 공적 연금과 개인 연금의 예상 개시 시점 및 월별 현금 흐름을 한 문장으로 정리해 두십시오.

핵심 증빙의 물리적 분리: 예상되는 리스크 즉 보험 청구, 법인 이슈 등과 관련된 핵심 자료를 디지털 및 물리적 폴더로 명확하게 분류해 두십시오.

경영 의사결정 경로 진단: 현재 기업의 중요한 결정들 즉 투자, 채용, 비용 지출이 누구에게서 막히거나 지연되는지 그 흐름을 시각적으로 표시해 보십시오.

승계 초기의 권한 위임 설계: 가업 승계 프로젝트를 시작할 때, 지분보다 먼저 정리해야 할 후계자의 역할과 권한을 구체적으로 적어 보십시오.

거창한 결심은 종종 미뤄지지만, 작은 단위의 실행만이 삶의 방향을 조정합니다. 오늘의 이 메모는 내일 당신이 덜 흔들리며, 보다 이성적인 선택을 내릴 수 있는 굳건한 기반이 될 것입니다.

궁극적으로 이 책은 독자님의 삶을 완벽하게 만들 수는 없습니다. 다만, 삶의 흐름이 예상 밖의 방향으로 꺾일 때도 본질로 돌아와 중심을 잡을 수 있게 돕는 도구가 되고자 했습니다.

돈은 끊임없이 흐르고, 그 흐름은 반드시 바뀝니다. 그 변화의 순간에 당황하지 않도록 미리 구축해 둔 구조만이 우리를 지켜줄 수 있습니다.

그 구조는 결국 사람을 살리고, 관계를 견고하게 하며, 기업의 지속가능성을 담보합니다.

우리는 독자님께서 질문의 프레임을 바꾸시기를 희망합니다.

"얼마를 더 벌어야 하는가?"에서 → "언제 끊기고, 무엇으로 이어갈까?"로.

"이 책임은 누구에게 있는가?"에서 → "어떤 사실을, 어떻게 입증할까?"로.

"복지는 단순한 비용인가?"에서 → "사람을 남게 하는 시스템인가?"로.

"승계는 세금 문제인가?"에서 → "경영의 지속성을 위한 전략인가?"로.

질문이 바뀌면 분석의 깊이가 달라지고, 대화의 질이 변하며, 결과적으로 결정의 순서가 바뀝니다. 혹시 지금 당신의 삶이나 경영 환경이 복잡하게 느껴진다면, 그것은 너무 많은 것을 한 번에 통제하려 하기 때문일 수 있습니다. 그럴수록 더 작은 단위 즉 월별 현금흐름, 사건별 핵심 사실, 분기별 복지 설계, 연간 승계 로드맵 등으로 쪼개십시오.

결국 가장 오래 살아남는 것은 지능이 높은 사람이 아니라, 꾸준히 자신의 구조를 점검하고 보수하는 사람입니다. 이 책이 당신의 그 꾸준함에 기여하는 작은 나침반이 되기를 바랍니다.

여의도 한강 공원에서 윤서아 편집장 드림

Korean

ㄱ

ㄴ

ㅅ

Roman

C

E

I

P

Numbers

❋ 소중한 서평을 기다려요!
이 책이 여러분의 마음에 작은 울림이라도 남겼다면,
그 소중한 감상을 나눠주세요.

매월 우수후기를 선정하여 재노북스 도서 중
원하시는 책 1권을 선물로 보내드립니다!

작가사인회와 신간세미나에 초대권을 보내드립니다.

❋ 서평 이벤트 참여 방법
① 재노북스 책을 읽고 여러분의 진솔한 이야기를 블로그나 SNS,
   온라인 서점에 올려주세요.
② SNS에 올리신 서평링크를 재노북스 톡채널로 보내주세요.

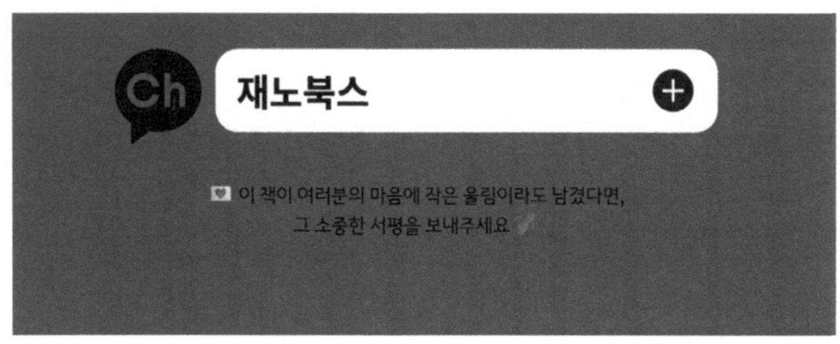

카카오톡 채널 추가하는 방법
카톡 상단 검색창 클릭 → QR코드 스캔 → 채널 추가

kakao**talk**